자기표현력

자기표현력

침묵하지 않고 나를 표현하는 힘

2023년 1월 20일 1판 1쇄 펴냄

지은이 | 이윤영
펴낸이 | 김철종

펴낸곳 | (주)한언
출판등록 | 1983년 9월 30일 제1-128호
주소 | 서울시 종로구 삼일대로 453(경운동) 2층
전화번호 | 02)701-6911 팩스번호 | 02)701-4449
전자우편 | haneon@haneon.com

ISBN 978-89-5596-991-7 (03190)

만든 사람들
기획 · 총괄 | 손성문
편집 | 배혜진
디자인 | 박주란

자기표현력

침묵하지 않고 나를 표현하는 힘

이윤영 지음

함껴

'표현'은 '생각이나 느낌 따위를 언어나 몸짓의 형상으로 드러내어 나타내는 것'이라고 국립국어원에서 정의합니다. 인간은 언어로 표현하고 소통합니다. 언어는 글과 말로 이루어집니다. 하지만 애석하게도 우리는 자신의 생각과 감정을 말이나 글로 표현하는 데 매우 취약하고 미숙합니다. 생각은 관념이고, 말이나 글은 형태이기 때문이지요. 무형의 것을 유형의 것으로 드러내는 일은 멀고도 험한 길입니다. 예술 작품의 경우 이런 현상은 더 극명하게 드러나지요. 작가가 멋진 의도를 갖고 표현했지만 향유자들에게 가닿지 못했을 때 우리는 갑갑함을 느낍니다.

저는 어렸을 때 생각과 감정을 표현하는 데 아주 미숙한 아이였습니다. 한번은 이런 일이 있었어요. 초등학교 5학년

때쯤, 같은 반의 한 남자아이를 무척 좋아했어요. 그 아이는 학교 근처의 목욕탕집 아이였던 것으로 기억해요. 집이 목욕탕을 해서인가, (농담입니다!) 그 아이는 항상 깔끔했어요. 머리도 단정하고, 피부도 1년 내내 사우나에서 막 나온 것처럼 희고 고왔지요. 당시 초등학생은 남녀불문하고 운동장이나 동네 골목, 놀이터에서 해가 질 때까지 놀던 때라 말쑥한 아이들이 별로 없었어요. 어쩌면 제가 조금 다르게 기억하고 있는지도 모르지만, 어쨌든 그 아이의 깔끔하고 단정한 외모에 저는 조금은 반해있었어요. 무엇보다 언제 어디서든 큰 소리로 자신의 생각을 또렷하게 발표하는 그 아이의 목소리와 태도를 좋아했습니다. (당시 그 아이는 학교 방송반 아나운서였어요)

그러던 어느 날, 학교가 아주 떠들썩했어요. 당시 한 방송국의 어린이 프로그램 〈누가 누가 잘하나〉에서 출연자 섭외차 학교를 방문한 거예요. 평소와 다른 옷차림에 번쩍거리는 구두까지 신고 등교한 아이들이 많았어요. 너도나도 예선전을 준비하느라 목소리를 가다듬으며 바빴지만, 당시만 해도 학교에서 내성적인 아이로 둘째가라면 서운했을 저는 멀리서 그 아이들을 쳐다만 보고 있었지요. 얼마의 시간이 흐른 후 저는 운명 같은 소식을 듣게 됐어요. 내가 좋아하는 그 아이가 학교 대표로 뽑혔다는 말이었어요. 그리고이내 각반에 그 아이와 함께 출연할 여자 친구를 추가로 더뽑는다는 이야기가 전해졌어요.

"이번에 정훈이가 〈누가 누가 잘하나〉에 나가기로 했다. 근데방송국에서 남녀 듀엣으로 했으면 좋겠다고 해서 여학생 한 명을더 뽑기로 했어. 혹시 여학생 중에서 정훈이랑 듀엣으로 나가고싶은 사람 있으면 선생님한테 내일까지 이야기해주길 바란다."

당시 무뚝뚝했던 50대 후반의 담임선생님은 교실이 군대 내부반이라도 되는 것처럼 전달할 사항만 전달하고 이내교실을 홀연히 나가셨어요. 그때 저는 '크게' 외쳤어요.

"저요! 제가 하고 싶어요. 제가 정훈이랑 나가고 싶어요!"

사실 이렇게 표현하고 싶었지요. 하지만 제 말은 결국 세상에 나오지 못했어요. 정훈이는 다른 여자 친구와 함께 방송에 출연했고, 그 주에 우승해서 연말에도 방송국에 갔던 걸로 기억합니다. 그날 이후 저는 변했습니다.

'표현하지 않으면 아무도 내 생각과 감정을 모르는구나.'

'내 생각과 감정을 겉으로 드러내야만 내가 원하는 것을 이룰 수 있다'라는 사실을 인지한 거예요. 초등학교 5학년이었던 꼬마 아이가 자기 생각을 표현하지 못했던 한순간은 그렇게 큰 파장을 몰고 왔습니다. 사실 만약 제가 용기를 내어 손을 들고 예선전에 나갔다고 해도 정훈이와 함께 방송에 나갔을 확률은 거의 제로에 가깝습니다. 당시 저를 돌이켜보면 뽑히지 않았을 확률이 높아요. 하지만 '하고 싶다'라는 말을 입 밖으로 내뱉지 못한 점은 아주 큰 후회와 아쉬움으로 남았어요. 만약 그때 예선전에 나갔다면, 설사 선발되지 않았어도 괜찮았을 거예요. 왜냐하면 제 생각과 감정을 표현했으니까요.

그때부터였습니다. 내 생각과 감정을 틈틈이 다이어리

에 메모하기 시작했어요. 차마 입 밖으로 내뱉지 못했던 말들을 먼저 글로 옮겨놓았지요.

"어떻게 표현해야 할지 모르겠어요."

글쓰기 수업에서 만난 다수가 자신의 감정과 생각을 표현하는데 힘겨워했습니다. 타인의 것도 아닌 자기 자신의 감정과 생각을 드러내는 것뿐인데 그게 왜 그리 어렵고 힘든지, 도통 알 수가 없다고 이야기합니다. 가끔은 억울함을 호소하기도 합니다. 내 생각이고, 내 감정인데 왜 이걸 제대로 표현하기 어렵고 심지어 두렵기까지 한지 말입니다.

이 책은 이런 질문에서 시작되었습니다. 전작인『글쓰기가 만만해지는 하루 10분 메모 글쓰기』(가나출판사, 2020)에서는 다양한 주제와 소재로 매일 메모하는 방법을 알려드렸어요. 정말 많은 분들이 메모의 중요성을 깨닫게 되었고, 글쓰기가 결코 어려운 것이 아님을 알고, 하루에 딱 10분의 시간만으로 충분하다는 말에 공감하고 직접 행동하셨어요. 그리고 많은 분들이 지금까지 스쳐 흘려보냈던 자신의 감정과 생각을 다시 읽게 되었어요. 기록에는 힘이 있으니까요. 전에는 놓쳤던 일상의 좋은 감정과 깊이 있는 생각을 글로 적어 보며 자신의 일상을 더욱더 소중히 여기고 사랑하게 되었지요. 그리고 여기에 작은 욕망이 하나 샘솟기 시작했습니다. 내 감정과 생각을 좀 더 명확하고, 좀 더 정확하게 표현하고 싶다는 욕구였습니다. 당연한 현상이고, 글쓰기의 참 의미를 깨달았다는 좋은 신호였습니다. 반가웠어요. 하지만 자신의 감정과 생각을 표현하는 것은 단순한 메모 이상의 무엇이 가미되어야만 했어요.

『자기표현력』에서는 대학과 기관, 기업에서 했던 '표현력 글쓰기 워크숍' 강의를 중심으로 '자기표현력 향상'을 위한 여러 이야기를 정리해 보았습니다.

내 감정과 생각을 이렇게 표현할 수 있다니 신기해요. 그동안 나의 표현을 방해했던 것들이 결국 타인이 아닌 나라는 사실을 깨닫게 되었습니다.
한 줄 메모가 나 자신을 제대로 아는 귀한 밑거름이

되는군요.　　　　　　　　- 워크숍 참가자들의 소감 중에서

표현력 워크숍을 진행하면 할수록 단순히 글쓰기나 말하기 기술이 부족해서 사람들이 '표현'에 서툴렀던 것이 아님을 확연히 느낍니다. 우리가 표현을 못하고 힘들어하는 이유 너머에는 '나 자신에 대해 몰라도 너무 모르고 사는 자기 자신'이 있다는 사실과 마주하지요. 자신의 '감정'과 '생각'에 대해서는 더더욱 무지하다는 것 또한 깨닫게 됩니다. 이 책이 여러분에게 진짜 자기 자신의 모습을 만나고, 자신만의 표현법을 찾는 소중한 기회가 되기를 바랍니다.

'표현력 훈련'을 한다고 해서 갑자기 자신의 표현력이 놀라울 정도로 늘어나는 신비로운 일은 일어나지 않을지도 모릅니다. 여타의 습관처럼 표현력 역시 부단한 훈련과 연습을 통해서만 향상됩니다. 많이 실패할 수도 있고, 좌절할 수도 있습니다. 이제 막 초등학교 고학년이 된 아이가 자신의 감정과 생각을 드러내야겠다고 생각했던 그날처럼 말입니

다. 하지만 최소한 우리는 이 과정을 통해 자신의 감정과 생각을 드러내는, 나의 '표현력'에 대해 다시 한번 생각해보고 이를 직접 실천해보는 계기를 만나게 됩니다. 그런 저의 마음을 따뜻한 조언으로 담아봤습니다.

작가, 문해력·표현력 연구가

이윤영

CONTENTS

3 어떻게 표현해야 할까요?

닫힌 표현력을 열게 하는 2단계 〈숙달된 표현력 익히기〉

4 어떻게 표현해야 할까요?
닫힌 표현력을 열게 하는 3단계 〈보이지 않는 것을 보이게 하는 힘〉

1

제 표현이 그렇게 이상한가요?

표현 안 하고 살아도 됩니다만

한 도서관에서 '표현력'을 주제로 강의를 진행했습니다. 총 4차시에 걸쳐 다양한 방법으로 자신의 생각과 감정을 정리하고 표현하는 글쓰기 과정이었습니다. 감정과 생각, 단어와 문장, 질문과 영감 등을 통해 자신의 여러 생각과 감정을 정리하고 이를 글로 표현했습니다. '자기 자신에 대해서 좀 더 알아가는 시간을 갖자'라는 거창한 학습 목표로 수업은 진행되었어요. 참가자들의 반응은 뜨거웠습니다. 첫 시간부터 모두 직장, 가정, 일상에서 '표현력 부재'로 인해 힘들었던 경험을 털어놓고, 그 과정에서 겪어야 했던 좌절과 실패, 자존감 하락, 관계의 어려움에 대한 글을 쏟아냈습니다.

수업 마지막 날, 한 참가자는 마지막 소감을 말하는 자리에서 이런 말을 했습니다.

"나의 생각과 감정에 대해서 이렇게 골똘히 생각해 본 적이 있나 싶습니다. 이제야 비로소 내 감정과 생각을 알게 되었네요."

자신의 생각과 감정을 표현하는 것이 중요한 시대가 되었습니다. 인류는 오래전부터 자기 감정과 생각을 여러 가지 형태로 드러냈습니다. 벽에다 그림을 그리기도 하고, 수많은 기호와 문자를 남기기도 했습니다. 우리는 누군가가 표현해 놓은 말과 글을 통해 당시의 상황과 사람들의 생각 그리고 감정 등을 유추합니다. 여기서 잠시 생각해봅니다. 타인의 생각과 감정을 읽고 나만의 생각을 표현하는 것은 대체 어떤 의미가 있을까요? 그것의 효용가치는 무엇일까요?

한 화가가 있었습니다. 그는 동생에게 그림을 그릴 수 있도록 돈을 보내달라는 편지를 자주 썼습니다. 화가는 그림을 파는 화상이었던 동생에게 그림과 함께 보낸 편지에 그 그림을 그리게 된 사연, 작품에서 표현하려고 한 생각과 감정을 아주 상세하게 남겼습니다. 누구의 이야기인지 눈치 채셨나요? 바로 '빈센트 반 고흐'의 이야기입니다. 빈센트 반 고흐는 자신의 그림이 이토록 오래, 많이 사랑받을 것을 알지 못한 채 생을 마감했습니다. 생전에 단 한 점의 그림만이 팔렸기 때문인데요. 그는 지금 세계적인 화가가 되었고, 무엇보다 사람들은 그의 그림을 정말 아끼고 사랑합니다. 그의 그림은 전 세계적으로, 세기가 거듭될수록 점점 더 사랑받고 있습니다. 우리는 왜 이토록 그의 그림을 사랑할까요?

우리가 빈센트 반 고흐의 그림을 사랑하는 이유는 어쩌면 그가 상세하게 남겨놓은, 그림 한 점 한 점에 대한 그의 생각과 감정이 가득 담긴 그 편지들 때문이 아닐까 합니다. 그림은 화가의 생각과 감정이 고스란히 담긴 표현입니다. 하지만 그림만 보고 화가의 생각과 감정을 고스란히 따라가기는 쉽지 않습니다. 특히 추상화의 경우 그림 앞에서 하루 종일 서 있어 보아도 화가가 도통 어떤 마음을 표현한 것인지 가늠하기 어려워 난감했던 경험이 한 번쯤 있으실 겁니다. 물론 그림을 감상할 때 반드시 화가의 생각과 감정선을 따를 필요는 없습니다. 각자의 방식대로 그림을 해석하고 향유하면 됩니다. 하지만 가끔은 궁금합니다. '도대체 화가는 우리에게 어떤 이야기를 들려주고 싶어서 이 그림을 그렸을까?' '그림을 통해서 우리에게 표현하고 싶었던 것은 대체 무엇일까?'라는 질문이 계속해서 머릿속에 맴돕니다. 이 물음에 빈센트 반 고흐는 상세하게 하나하나 답변해주었습니다. 앞서 이야기한 동생 테오와의 수많은 편지를 통해서 말입니다.

아는 만큼 보인다는 말이 있습니다. 그냥 봤을 때는 이해할 수 없었던 부분들이 그가 남긴 글을 읽고, 그림을 다시 보면 잘 보입니다. 고흐가 왜 그토록 간절히 고갱을 기다렸고, 두 사람이 어쩌다 한 장의 그림으로 싸우게 됐는지, 그가 해바라기를 좋아했던 이유까지 상세하게 말입니다. 그가 남겨놓은 생각과 감정을 담은 표현, 즉, '글' 덕분입니다.

표현은 보이지 않던 것을 보이게 합니다. 하지만 또 이렇게들 말하기도 합니다.

"표현해봤더니 내 마음에도 차지 않고, 잘못된 표현으로 오히려 상대와의 관계만 나빠졌어요. 그냥 하던 대로 표현하지 않고 사는 것도 나쁘지 않을 듯합니다."

물론 표현하지 않고 살아도 사는데 아무 지장이 없습니

다. 하지만 고흐가 동생 테오에게 보냈던 수백 통의 편지글이 없었다면 우리는 그의 그림에 새겨진 숨은 의미를 모른 채 그냥 지나쳤을지도 모릅니다. 우리도 마찬가지겠지요. 내가 만약 표현하지 않고 산다면 나의 생각과 감정을 타인은 물론 나 자신조차 모르고 살아갈 수도 있습니다. 그렇기 때문에 표현을 꼭 하고 살아야 합니다.

당신의 표현은 정기점진이 필요합니다

"제가 단톡방에 글만 올리면 시끄러웠던 단톡방이 삽시간에 조용해집니다. 제 표현력에 문제가 있나 해서 오게 되었습니다."

한 표현력 수업 참가자의 말입니다. 사실 이런 문제로 표현력 워크숍을 찾는 분들이 많습니다. 오프라인으로 이루어졌던 일상의 많은 부분이 온라인으로 옮겨가면서 개인의 부족한 표현력이 극명하게 드러나고 있습니다. 이전까지는 자신의 표현력에 큰 문제를 느끼지 못했던 사람들도 자주 곤란한 상황에 처하게 되었다고 고백합니다.

"온라인으로 소통해야 하니 간단하게라도 내 생각을 글이나 말로 표현해야 하는 상황이 한 번씩 생기더라고요."

"저의 생각과 감정을 드러내야만 할 때가 많아졌어요. 제가 이렇게 생각 정리가 안 되고 횡설수설하는 사람인지 몰랐습니다."

"만나서 이야기하면 금방 해결할 일들이 온라인으로 이루어지다 보니 놓치는 부분도 많고, 서로 다르게 이해하는 부분도 많아서 크고 작은 문제가 발생하기도 해요."

"모임 단톡방에서 제가 한 표현이 문제가 돼서 오랜 지인들과 서먹한 관계가 되었습니다."

오프라인이었다면 자기 생각과 감정을 표현하는 데 있어서 말이나 글이 미숙하더라도 표정이나 몸짓, 다양한 행동 등 비언어를 통해 상쇄할 수 있었습니다. 눈치가 조금 빠른 분들이라면 타인의 반응을 보면서 자신의 표현을 수정하고 첨가하기도 하지요. 몸짓, 손짓, 표정 따위의 다양한 비언어는 우리 표현력의 작은 방패막이었습니다. 하지만 일상이 온라인으로 이동하면서 그런 방패막이 갑자기 사라지게 되었습니다. 전쟁에서 사용할 큰 무기 외에도 유사시에 쓸 수 있는 작은 무기들이 있어야 하는데 일순간에 그런 '작은 무기'를 쓰지 못하게 된 것입니다. 날 것 그대로 전달되는 말과 글은 내가 의도했던 대로 전달되지 못하고, 가끔은 그로 인해 큰 오해를 받기도 하고, 심지어 금전적인 손해를 입기도 합니다. 잦은 불통으로 인해 마음에 큰 상처까지 입는 일도 생깁니다.

이제는 한 번쯤 자신의 표현력을 점검해야 할 시기입니다. 내가 하고 있는 표현 중에 부정확한 표현은 없는지, 상대의 입장을 고려하지 않고 오직 내 입장만 생각한 일방적인 표현은 없는지, 일시적인 기분을 나의 생각인 줄 착각하고 표현하고 있는 것은 아닌지, 건강검진을 하듯 말입니다.

표현은 용기입니다

"아이는 엄마의 살점을 떼어가는 악마"

나혜석(1896~1948), 우리나라 최초의 여성 서양화가이자 수많은 글과 소설을 집필한 작가입니다. 그뿐만 아니라 근대적 여권론을 펼친 운동가로도 널리 알려진 인물입니다. 나혜석은 먼저 유학 간 오빠의 주선으로 일본 도쿄 사립여자미술학교에서 유화를 공부했습니다. 일본에서 여자 유학생 학우회 기관지인 『여자 계』의 발행을 주도하면서 조혼을 강요하는 아버지에 맞서 여성도 한 사람의 인간임을 주장하는 단편소설 『경희(1919)』를 발표했고, 귀국 후에는 3.1운동에 여성들의 참여를 독려하는 활동을 하다 옥고를 치르기도 했습니다.

그녀는 결혼 이후에도 신여성을 대표하는 인물로, 여성의 삶과 일상에 관한 다양한 글을 썼습니다. 특히 자신의 임신과 출산, 육아 경험을 솔직하게 담은 「어머니 된 감상기(1922)」라는 글에서는 아이를 '엄마의 살점을 떼어가는 악마'라고 표현해 사회적인 파문을 일으키기도 했습니다. 가부장 중심의 사회를 비판하는 「이혼고백장(1934)」 「신생활에 들면서(1935)」를 통해 자신의 연애와 결혼, 이혼에 이르는 과정과 그 안에서 느꼈던 감정과 생각을 낱낱이 표현했습니다. 나혜석은 여성에게 정조를 요구하는 문화에 정면으로 맞서 남성부터 정조를 지키라고 말했고, 정조는 누구의 강요가 아니라 주체의 자유의지에 속하는 '취미'의 문제라고 표현하기도 했습니다. 이러한 그녀의 글은 당시 통념을 뛰어넘는 것이었습니다. 이로 인해 그녀는 가족과 친지들로부터 외면당하고, 사회로부터 비난과 조소를 들으면서 생을 마감했습니다.* 모성이 강요되고, 여성의 사회 참여 기회와 발언권이 전혀 주어지지 않았던 당시 사회에서 나혜석의 발

---

* 문화원형백과 신여성문화, 문화원형 디지털콘텐츠, 한국콘텐츠진흥원, 2004 참조

언은 지금까지도 회자될 정도로 엄청난 여파가 있었습니다.

나혜석의 문장은 뼈에 바람이 스치는 것처럼 섬뜩하고 현실적입니다. 아이를 출산하고 육아를 해 본 적 있는 여성이라면 공감하는 내용일 것입니다. 아이는 너무나 사랑스럽고 귀한 존재이지만 한편으로는 한 사람으로서의 삶을 포기해야 하는 문제를 직면하게 하기 때문인데요. 하지만 그 누구도 입 밖으로 꺼내기는 쉽지 않은 표현입니다. '엄마'라는 사람은 아이에게 무한한 사랑만을 베풀어야 하는 존재로 인식되었고, 그렇게 강요받았기 때문입니다. 지금도 사회 분위기는 여전합니다. 육아를 힘에 부쳐 하는 여성들에게 주변에서는 '모성애 부족'을 탓합니다. 옛날 여성들은 대여섯 명의 아이들도 거뜬히 잘 키웠는데 기껏 한두 명 키우는 요즘 육아가 뭐 그리 힘드냐고 묻습니다. 무려 100여 년이 지났지만 크게 달라진 것은 없습니다. 애써 일일이 답변하기가 힘에 겨워 엄마라는 존재는 그만 나의 감정과 생각을 표현하기를 '거부'합니다. 하지만 나혜석은 달랐지요. 그녀는 용감했습니다.

자신의 감정과 생각을 표현하는 데는 용기가 필요합니

자기표현력

다. 일기장에 혼자 볼 목적으로 쓰는 글이 아닌 이상 고민하게 되는 것은 당연합니다. 이렇게 표현해도 될까? 혹시 더 나은 표현은 없을까? 이 문장이 나의 생각과 감정을 제대로 표현하고 있는 걸까? 의심하고 또 의심합니다. 만인 저자 시대라는 말이 있을 정도로 한 집 걸러 한 사람씩 책을 낸다고는 하지만 여전히 책을 낸 사람보다는 안 낸 사람이 많고, 온라인에도 자기 생각을 표현하는 수많은 글과 영상을 비롯한 콘텐츠가 난무하지만 많은 사람이 자신의 솔직한 생각과 감정을 드러내놓고 표현하지 않고 살아가고 있습니다. 읽을 것과 볼 것이 차고 넘치는 세상에 구태여 자기 생각과 감정을 말과 글로 표현해야 하는 이유가 무엇인지 의구심을 표명하는 이들도 많습니다. 하지만 그것은 어디까지나 내 표현이 아닌 남의 표현입니다. 나의 감정과 생각이 아닌 타인의 감정과 생각입니다. 괜히 어설프고 서툴게 표현한 말과 글로 인해 곤욕을 치르는 사람들의 이야기를 심심치 않게 듣다 보니, 표현하지 않고 '묻어가는 삶'도 나쁘지 않은 듯합니다. 그렇지만 가끔 내 생각과 감정을 표현하고 싶은 욕구가 스멀스멀 고개를 드는 것은, '나만의 표현을 하고 싶다'는 인간의 욕망 때문입니다. 그리고 나의 표현을 통해 누군가와 소통하고 생각을 나눌 수 있다면 그것도 꽤 근사한 일이 될 것 같습니다.

비록 그 시작은 어설프고 힘들겠지만 조금 용기를 내어보는 건 어떨까요?

표현은 불안을 잠재웁니다

'불안' 혹은 '불안감'이란 특정한 대상 없이 막연히 나타나는 불쾌한 정서적 상태 또는 안도감이나 확신이 상실된 심리상태입니다. 불안을 결정하는 요소는 다양하지만, 불안의 주된 씨앗은 다가오지 않는 미래에 대한 작은 걱정들입니다.

어느 글쓰기 수업에 참여한 30대 여성 A씨는 몇 년 전 유방암 진단을 받았습니다. 젊은 나이에 큰 병마와 싸워야 했던 그녀는 지독한 항암치료를 견뎌냈습니다. 항암치료는 무사히 끝났지만 그녀에게 남은 것은 건강과 죽음에 대한 '불안'의 엄습이었습니다. 이전에도 항상 건강을 자신했던 것은 아니지만 어느 날 갑자기 찾아온 암이라는 병은 그녀를 불안하게 만들기에 충분했습니다. 그녀는 항암치료가 끝난 후 주변을 수색해서 각종 자기 계발 강의에 참여하기 시작했습니다. 닥치는 대로 강의를 듣고 책을 읽었습니다. 하루라도 건강할 때 많은 것을 배우고 익혀서 뭐라도 성과물을 남기고 싶다는 마음뿐이었습니다. 또 언제 어떤 병이 엄습할지 모른다는 불안감이 자신을 매일 괴롭히고 있다고, 그녀는 자신의 불안한 마음을 표현했습니다. 하지만 아무리 자기 계발 프로그램을 들어도 그녀의 불안은 좀처럼 나아지지 않았습니다. 배워도 배워도 채워지지 않고, 오히려 부족한 부분만 보여 더 허기가 졌다고 합니다. 저는 그녀에게 하루에 한 가지씩 자신의 감정을 드러내는 감정 표현 일지 쓰기를 제안했습니다. 매일 감정단어를 하나씩 꺼내고 그 감정에 대한 자신만의 생각을 적는 것입니다. 예를 들어 '걱정하다'라는 감정단어를 꺼내서 지금 내가 걱정하고 있는 것들은 무엇이고, 그 걱정을 조금 내려놓을 수 있는 나만의 방법을 적는 것입니다. 감정 표현 일지 쓰기는 그녀의 불안을 많이 낮춰주었고, 그녀는 현재 수많은 자기 계발 강의 수강을 그만두고 자신에게 집중하는 공부를 하고 있습니다.

일상의 철학자라고 불리는 작가 알랭 드 보통은 그의 책

『불안』(은행나무, 2012)에서 인생은 하나의 불안을 다른 불안으로, 하나의 욕망을 다른 욕망으로 대체하는 과정이라고 말합니다. 불안의 실체는 내가 나를 어떻게 보느냐가 아닌 세상이 나를 어떻게 보느냐에 집중하는 것이라고도 말했는데요. 풍요로움의 시대에 이렇게 많은 사람이 불안에 떨고 있는 이유를 알랭 드 보통은 '사랑의 부재'로 결론지었습니다. 더 사랑받고 싶은 욕망, 사회적으로 높은 지위와 명성, 많은 돈, 자신의 영향력이 불안의 이름으로 표현된다는 것입니다. 현대인은 누구나 크고 작은 불안을 겪습니다. 불안이 결코 나쁜 것만은 아닙니다. 적당한 불안 요소는 때로 내 삶의 원동력과 윤활유가 됩니다. 하지만 A씨처럼 불안의 요소가 너무 큰 경우에는 나의 불안의 실체를 명확하게 들여다보는 과정이 필요합니다. 자신의 감정을 하나하나 정리해보는 과정을 통해 자신에게 있는 '불안' 요소를 하나씩 제거해나갈 수 있습니다.

요즘 '불안해'라는 말을 자주 듣습니다. 어느 틈엔가 '불안'은 우리 마음에 필수요소처럼 자리 잡고 있습니다. '불안'을 빌미로 우리의 마음을 훔치는 일도 자주 일어납니다. 그래서 우리는 진짜 무엇이 불안한지 모른 채 그저 '불안'을 달고 사는 것을 당연하게 여깁니다. 하지만 자기 감정을 글로 표현해보면 불안한 마음의 실체는 또 다르게 느껴집니다. 어쩌면 불안이 아닌 다른 감정이나 상황을 '불안'이라고 뭉뚱그려 표현하고 있는 것은 아닌지 확실하게 알게 됩니다. 표현력은 그렇게 나의 불안한 감정을 자세하게 들여다보고 그것의 진짜 실체를 아는 데서부터 시작됩니다.

표현은 나를 씩씩한 사람으로 만듭니다

한창 손이 많이 가는 초등학교 고학년 남자아이 둘을 키우고 있는 정숙 씨는 지난 2년 동안 이른바 독박육아를 감행해야만 했습니다. 영유아도 아닌데 무슨 독박육아냐는 생각이 들 수도 있겠습니다. 면역력이 낮아 고열에 취약한 아이 때문에 정숙 씨는 학교 수업이 비대면으로 진행되는 코로나 시기에 두 아이를 모두, 오롯이, 혼자 힘으로 돌봤습니다. 주말에는 그나마 남편이 있어서 잠시 숨통이 트였지만, 초등학교 고학년의 건장한 두 아들을 24시간 돌보는 일은 상당히 어려운 일입니다. 정숙 씨는 때로는 교과목을 봐주는 담임 선생님이 되어야 했고, 때로는 삼시 세끼와 수많은 간식을 챙기는 급식 교사가 되어야 했습니다.

정숙 씨는 몸집이 작습니다. 그녀 스스로 자기는 키도 작고, 목소리도 작다고 말합니다. 태어나서 지금까지 자기 의견과 주장, 생각을 열심히 외쳐본 일도 거의 없다고 했습니다. 하고 싶은 말이 있어도 가능하면 꾹꾹 참아왔다고요. 누군가와 감정적으로 힘겨루기를 하는 일은 에너지가 많이 소모되고, 그 과정에서 받는 정신적인 피로에 매우 민감한 편이라 부러 그런 일은 만들지 않는다고 말합니다. 그냥 한 발짝 물러나서 '가능하면 상황을 좋게' 해결하는 것이 모두에게 좋은 일이라고 여겼습니다. 하지만 그녀는 지쳐갔습니다. 그러다 아이들을 위한 온라인 수업을 찾던 중 우연히 제가 하는 '초등글쓰기 수업'을 알게 되었고, 내친김에 어른들을 위한 '자신을 표현하는 에세이 쓰기' 수업에 참석하게 되었습니다. 그리고 아이들과 함께 매일 밤 무엇에 홀린 듯 꼬박 2년 동안 글을 썼습니다.

첫 에세이 수업에서 그녀는 무엇을 써야 할지 난감해했습니다. 자신은 특출한 사회 경험도, 비범한 능력도 없는 평범한 주부라는 것이 그녀의 '항변'이었습니다. 그녀는 제가 매일 아침 단톡방에 올리는 글감과 주제로 메모부터 차근차근 쓰기 시작했습니다. 그리고 몇 달 후 그녀는 자신이 가장 찬란했던 순간을 기억해냈습니다. 그리고 그 순간들을 표현하기 시작했습니다.

정숙 씨는 20대, 30대 때 해외 여러 나라에서 머무른 경험이 있었습니다. 당시 만났던 다양하고 소중한 인연들과 지금까지 연락을 지속해오고 있었습니다. 그녀는 그들과의 이야기를 하나씩 차곡차곡 꺼냈고 그 이야기는 '브런치'라는 플랫폼에 고스란히 간직되었습니다.

그녀는 현재 미국에서 거주하고 있습니다. 자신처럼 아이들도 타국에서 '이방인'이 되어 보는 경험을 해보기를 바라는 마음에 용기를 내서 실행에 옮겼다고 합니다. 그녀는 최소 2년 동안 미국에 거주할 예정이라고 했습니다. 출국 전, 미국 선생님과 미국 엄마들 사이에서 '밀리지 않기 위해' 열심히 운동했다고 합니다. 그녀가 미국으로 떠나기 전, 우리는 만나 여러 이야기를 나누었습니다.

"첫 글감으로 주셨던 '나는 왜 글을 쓰는가'라는 주제부터 글을 쓰기 망설였어요. 저는 책을 쓰고 싶다는 목적도, 유명 블로거가 되고 싶다는 마음도 없었거든요. 그저 코로나 시국에 아이들과 씨름하는 상황이 너무 싫어서 뭐라도 해야겠다는 마음뿐이었습니다. 그런데 신기하게도 글을 쓰니 저의 목소리로 세상에 외칠 수 있게 되었어요. 얼마나 씩씩해졌는지, 브런치라는, 글을 공개하는 플랫폼에 글도 쓰고 말이에요. 생각만 했던 미국행도 결정했잖아요. 이렇게 작은 사람이 이토록 큰 마음을 먹게 되다니 이게 바로 글쓰기의 가장 큰 효과가 아닌가 싶어요. 너무 신기해요, 작가님."

표현은 이렇게 사람을 변화시킵니다. 자기 목소리에 자신이 없는 사람, 내 이야기를 누군가에게 들려준 경험이 없는 사람들에게 특히 '표현하기'를 적극적으로 권장합니다. 표현하는 과정을 통해 어느덧 당신은 씩씩한 사람으로 변해 있을지도 모릅니다.

각종 SNS 플랫폼을 통해 자기 생각과 감정을 드러내고 새로운 삶의 의미를 되찾은 이들이 많습니다. 꼭 플랫폼에 글을 올리지 않아도 됩니다. 그저 내 생각과 감정을 말과 글로 표현하기 시작하는 것만으로도 자신의 목소리를 찾을 수 있습니다. 자신의 목소리를 찾은 사람은 작은 사람도 큰 사람이 됩니다. 없던 용기가 막 생기고, 무엇보다 씩씩해집니다. 정숙 씨처럼요.

표현은 소통하는 삶을 만듭니다

경남 함양에 사시는 올해 나이 여든네 살의 김춘택 할머니는 초등학교 1학년입니다. 동화나 소설에서만 나올 법한 이 이야기는 실제 이야기입니다. 손주뻘도 한참 지난 어린 아이들과 할머니는 초등학교 동창인 셈입니다. 늦은 나이에 학교까지 다니면서 배우는 이유를 묻는 인터뷰 질문에 김춘택 할머니는 비록 나이는 많지만 학교 땅이라도 밟아보고 싶었고, 손주들에게 편지라도 써보고 싶었다고 말씀하셨습니다. 요즘에는 전화로 수많은 이야기를 나눌 수 있습니다. 영상통화가 개발되고 나서는 멀리 떨어져서도 얼굴을 보면서 서로의 감정과 생각을 나눌 수 있습니다. 그런데 김춘택 할머니는 손주들에게 하필이면 왜 편지, 즉 '글'로 표현하고 싶으셨던 걸까요?

어느 드라마에서 평생 글을 모르고 지내온 엄마와 아들이 오랜 오해를 풀며 화해하는 장면이 나왔습니다. 아들은 의붓형에게 맞고 사는 자신을 단 한 번도 위로해주지 않았던 어머니를 원망했습니다. 일부러 사람들이 많은 시장에서 엄마를 아는 척도 하지 않았고, '엄마'라고 부르지도 않았습니다. 주변에서는 이런 아들을 질책했습니다.

그러던 어느 날, 엄마가 말기 암으로 생의 마지막 순간이 가까이 왔다는 것을 알게 되었고 두 사람은 마침내 한 공간에 나란히 앉아 지나간 이야기를 나누게 되었습니다. 한참 서로에 대한 오해를 풀어가던 중 아들은 엄마에게 평소 써보고 싶었던 단어들을 말해보라고 했습니다. 글을 모르는 엄마의 마음을 아들이 읽게 된 순간이었습니다. 엄마는 써보고 싶었던 아들의 이름과 죽은 가족의 이름, 살가운 이웃의 이름을 하나하나 불렀고 아들은 그 이름들을 꽁꽁 언 유리창에 호호 김을 불어가며 적었습니다. 이 과정에서 두 사람은 평생의 응어리를 풀게 되었습니다.

자신의 감정과 생각을 표현하는 것은 단순하지 않습니다. 그러나 이 장면에서 엄청난 필력으로 대단한 글을 쓰거나, 듣기만 해도 눈물이 쏟아지는 감정을 표현한 것은 아닙니다. 그저 평생 글을 모르던 엄마에게 사랑하는 사람들의 이름을 대신 써주었을 뿐입니다. 단순한 몇 글자가 두 사람 사이를 단단하게 가로막고 있던 소통과 이해의 장벽을 허물었습니다.

자음과 모음이 만나 '글자'가 되고, 그 글자들이 모여 단어가 됩니다. 단어들이 만나 문장이 되는 순간, 그것은 새로운 '의미'로 바뀌게 됩니다. 'ㅇ' 네 개와 몇몇 개의 자음과 모음이 만났을 뿐인데 '이윤영'이라는 이름이 되는 순간, 이 단어는 한 사람을 만들고 한 사람을 새기게 합니다. 사물도 마찬가지입니다. 몇 개의 자모가 만나는 순간, 그 소리는 '나에게 의미 있는' 소리가 됩니다. 사람들은 그 말과 글을 통해 만나고 소통합니다. 그리고 서로를 진정으로 이해하고 알아가게 됩니다. 아마 김춘택 할머니와 드라마 속 '엄마' 역시 그 순간의 짜릿함을 위해 글을 배우고 싶어 했을지도 모르겠습니다. 타인과 자신의 감정을 말과 글로 소통하는 그 순간의 경험 때문에 말입니다. 그런 소통이 이루어질 때가 인간이 살아있음을 진정으로 느끼게 되는 순간입니다.

표현은 질문하고 생각하는 삶을 만듭니다

한 글쓰기 수업에서 20대 후반의 청년을 만났습니다. 청년은 열심히 공부하여 대학에 합격한 후 더는 억지로 하는 공부를 하지 않아도 된다는 사실에 뛸 듯이 기뻤다고 합니다. 입학 후에는 대학 생활을 말 그대로 '만끽'했다고 합니다. 공부는 뒷전이었고, 게임과 연애 사업에 몰두했다고 합니다. 성적은 F의 향연이었고, 결국 학사경고 후 제적을 당했습니다. 군 제대 후 돈을 벌어야겠다는 생각에 여기저기 취업 자리를 찾아보았지만 쉽지 않았습니다. 어렵게 한 회사에 들어갔고, 회사에 들어가면서 더는 이렇게 살 수는 없다는 생각에 나쁜 습관들을 하나씩 버리기 시작했습니다. 늦게 자고 늦게 일어나는 수면 습관, 흡연, 야식, 청소와 정리하지 않는 습관 등등 한 달에 한 개씩 나쁜 습관과 결별해 나갔다고 합니다. 그렇게 꾸준히 10개월을 보내자 총 10개의 나쁜 습관이 자신에게서 떨어져 나갔다고 합니다. 그에게 이렇게 꾸준할 수 있었던 힘은 무엇이냐고 물어봤습니다. 그는 단 1초의 망설임 없이 매일 기록한 덕분이었다고 말했습니다.

그가 어렵게 들어간 직장에서는 매일 그날의 근무일지를 써야 했다고 합니다. 교대로 근무하는 일이었기에 다음 근무자를 위해서 일지를 썼는데, 며칠 후 집에 돌아가는 길에 문득 일기를 써야겠다는 생각이 들었다고 합니다. 매일 일기를 써내려 가면서 하루를 반성하고 자신을 돌아보는 시간을 갖게 되었고, 이내 자기 삶에서 빼야 하는 것들이 보이기 시작했다고 합니다. 아마도 그때 '근무일지'를 쓰지 않았다면 이런 일은 절대 일어나지 않았을 것이라고 그는 말했습니다.

배움이란 모르는 것에서 아는 것으로 옮겨가는 과정입니다. 플라톤은 이 과정을 '동굴'에 비유했습니다. '동굴 안의 어두운 세계'와 '동굴 밖의 밝은 세계'가 존재하는데, 배움은 '동굴 안의 어두운 세계'에서 '동굴 밖의 밝은 세계'로 넘어

가는 과정입니다. 청년은 매일 일지를 쓰면서 '동굴 안의 세계'에 있는 자신을 발견했고, '동굴 밖의 세계'에 대해 생각하고 질문하게 되었을 겁니다.

나는 왜 이렇게 살까?
앞으로 어떻게 살아야 할까?
달라지기 위해서는 무엇을 해야 할까?

표현은 삶에 대한 치열한 질문에 자신의 답을 찾아가는 과정입니다. 플라톤의 동굴의 비유처럼 처음에는 매우 어두워서 어떻게 해야 할지 눈앞이 캄캄합니다. 하지만 조금씩 하다 보면 서서히 동굴을 빠져나오게 되는 것처럼 무엇을 해야 할지, 어떻게 표현해야 할지 드러납니다. 표현하지 않으면 내 삶의 수많은 질문을 놓치게 됩니다. 근무일지를 쓰면서 자신의 하루를 반성하고, 집으로 돌아와 자신만의 일기를 쓰면서 20대 청년은 매일 질문했습니다. 그러면서 삶을 돌아보고, 살아가며 지금껏 놓치고 있던 고민은 무엇인지 찾아냈습니다. 당신의 생각과 감정 그리고 이야기를 표현해보길 권합니다. 그러면 지금 당신의 고민이 무엇이고, 어떤 부분을 스스로 찾아야 하는지 알게 됩니다. 고민만 하고 걱정한다고 삶이 달라지지 않습니다. 우선 표현해보세요. 표현하면 그 안에 질문이 있고, 질문에 대한 답도 찾을 수 있습니다. 그렇게 표현은 나를 '생각하는 사람'으로 만들어 줍니다.

자기 표현은 긍정적인 나를 만듭니다

글쓰기에는 여러 유형이 있습니다. 영국의 언어교육학자 제임스 브리튼(James Britton)의 분류에 따르면 글쓰기를 '문학적(poetic) 글쓰기', '의사소통적(transactional) 글쓰기', '자기 표현적(expressive) 글쓰기'로 나누어 볼 수 있는데요. 문학적 글쓰기는 소설이나 시 등 문학작품을 쓰는 글쓰기를 말합니다. 공적인 글쓰기이면서 함축적인 의미, 은유적인 표현을 많이 담고 있는 글이지요. 의사소통적 글쓰기는 문학적 글쓰기처럼 공적인 글쓰기이면서 나의 의견을 글로 남기는 행위에 해당하는데, 설명문, 논설문, 과학보고서 등이 이에 해당하는 글입니다.

그렇다면 자기 표현적 글쓰기는 무엇일까요? 자기 표현적 글쓰기는 편지나 저널, 개인적인 에세이, 자서전, 자기소개글 등 자신의 경험과 생각, 감정을 표현하는 글을 말합니다. 자기 이야기를 바탕으로 하기에 문학적 글쓰기와 의사소통적 글쓰기에 비해 매우 사적이고, 나 자신 즉, 자아(自我)에 가장 가까운 글에 해당합니다. 문학적 글쓰기와 의사소통적인 글쓰기에 비해 자기 표현적 글쓰기는 형식적인 면에서도 제한이 없습니다. 자유로운 글쓰기를 표방하여 프리라이팅(freewriting)이라고도 합니다.

의식의 제약 없는 글쓰기를 통해서는 자기감정의 정화, 내면의 상처가 치유되는 효과를 얻을 수 있습니다. 불안이나 열등감, 자기혐오, 자기 불신, 후회, 낮은 자존감 등 부정적인 정서를 관리하는 데 있어서 자기 표현적 글쓰기가 매우 탁월한 효과가 있다는 것은 이미 많은 학자에 의해 입증되었습니다. 그 이유는 자신의 이야기를 쓰는 과정에서 자기 자신을 보다 긍정적으로 바라보고, 목소리를 내는 행위를 통해 나의 생각과 감정에 집중하게 되어 '자기 자신'을 깊이 탐색하는 과정을 거치기 때문입니다. 글의 주체가 되는 글감이 나 자신이기 때문에 쓰는 과정에서 자연스럽게 자기를 인식하고, 이를 통해 자기 이해의 과정을 거치게 됩니다.

자기표현력

그러면서 자아 성찰로 자연스럽게 이어집니다. 자신의 현재, 과거, 미래에 대한 이야기와 그 속에서 일어났던 감정과 생각이 주된 글감이 되어 그 자체만으로 감정적 격동을 가라앉히게 되고 정서적 안정과 심리적인 스트레스 해소, 외상 치유를 경험하게 됩니다. 단순한 사건이나 경험을 나열하는 것이 아니라, 해당 주제에 맞는 자신의 경험을 꺼내서 그 부분만 집중적으로 쓰면서 내 삶을 보다 내밀하게 관찰하게 됩니다. 예를 들어 '내 인생에서 가장 행복했던 순간'이 주제라면, 여러 인생의 조각 중에서 가장 행복했던 순간을 떠올리고 그 경험을 상세하게 기록합니다. 이후 그 사건이 왜 나에게 '행복한 순간'으로 인식되었는지 그 이유를 찾는 과정을 통해 글 쓰는 사람은 자신의 삶을 되돌아보는 성찰의 시간을 갖고, 이를 통해 자신을 더 구체적으로 인식하고 이해하는 과정을 거칩니다. 이는 보다 긍정적인 자아 형성에 이바지하게 됩니다. 실제로 많은 분들이 자기 표현적 글쓰기를 통해 부정적인 자아상을 걷어내고, 자신에 대한 긍정적인 자아를 형성하여 이를 삶에 적용합니다.

글쓰기의 효용과 가치에 대해서 많은 논의가 있지만 그

무엇보다 가장 중요한 것은 글쓰기로 내 삶을 돌아보고 자신을 깊이 있게 탐구하는 과정을 통해 나라는 사람을 잘 알아가는 것입니다. 나에 대한 탐구가 잘 이루어진 사람은 내면에 깊이 있는 자기 이해가 자리하고 있어 큰 감정적인 동요가 없을뿐더러 자기 효능감이 높습니다. 그리고 이것은 긍정적인 자아 형성에 큰 보탬이 됩니다. 자기를 표현하는 글쓰기는 내 삶의 테두리 안에 꼭 있어야 하지 않을까 합니다.

2

어떻게 표현해야 할까요?

닫힌 표현력을 열게 하는 1단계
〈'포장' 말고 '표현'하기〉

말로 하는 표현 vs 글로 하는 표현

글쓰기의 효용 가치에 관한 수많은 이야기가 있지만 그럼에도 불구하고 글을 쓴다는 것은 참 어렵고 힘든 일입니다. 특히 자기 감정과 생각을 표현하는 일은 더욱 힘듭니다. 심리 상담 프로그램 솔루션의 90% 이상이 자신의 감정과 생각을 표현하라는 것입니다. 가족과 친구, 부부와 연인, 직장과 가정에서 겪는 각종 문제의 근본 원인은 자신의 감정과 생각을 상대에게 제때 표현하지 못하고 혼자서만 끙끙 앓다가 결국 곪고 곪아 터지기 때문이라는 것이 전문가들의 한결같은 조언인데요.

"진작 말하지 그랬어. 몰랐네."

하지만 말이 쉽지, 자신의 감정과 생각을 솔직하게 드러내기는 쉽지 않습니다. 게다가 말로 하기는 더더욱 어렵습니다. 시쳇말로 그렇게 '말'로 표현할 수 있다면 구태여 상담받을 필요성도 느끼지 못할 것입니다. 좋은 감정이나 생각을 표현하기도 쉽지 않은데 불편한 감정과 생각에 대한 표현은 너무나도 어렵습니다. 잘못했다가 상대와의 관계가 어색해지거나 불편해질 것이 두려워서 애써 그런 감정들을 표현하는 것을 멈춥니다.

"표현하지 않아도 알아주겠지."
"시시콜콜하게 다 표현하는 것이 왠지 더 불편해요."

하지만 지속적인 타인과의 소통과 관계 유지를 위해서 '표현하지 않고' 사는 삶이란 존재하기 어렵습니다. 표현하지 않고 그대로 묵혀 두었다가 결국 오해와 감정의 골이 깊어 가면 서로 다시는 안 보는 사이가 되는 것도 순식간입니다. '시절 인연'으로 치부하며 상대를 잊고 살아가는 것도 한 가지 방법이겠지만 이마저 반복된다면 결국 주변에는 아무도 존재하지 않을지도 모릅니다. 많은 전문가는 경고합니다. 작은 감정과 생각이라도 그때그때 제대로 된 성실한 표현으로 드러내 놓으라고 말입니다. 하지만 한 번도 자신의 감정과 생각을 표현해보지 못한 이들에게 이것은 고역이고 고통입니다. 당장은 필요로 시도할 수도 있지만 시간이 지나면 육체적, 심리적 한계에 부딪혀 결국 원점으로 돌아가게 됩니다.

정신건강 전문의는 '말'로 표현하기 어렵다면 먼저 '글'로 자신의 감정과 생각을 적어보기를 권합니다. 엉킨 자신의 감정과 생각을 '말'로 바로 표현하는 것은 굉장히 어렵습니다. 하지만 '글'이라면 상황이 달라집니다. 글은 수정과 퇴고라는 베네핏, 즉 특권이 있습니다. 말은 한 번 내뱉으면 주워 담을 수 없지만, 글은 그렇지 않습니다. 엉덩이의 힘만 있다면 자기 마음에 들 때까지 수십 번, 아니 수백 번도 고치고 고칠 수 있습니다. 이 외에도 말로 하는 표현보다 글로 하는 표현이 좋은 이유는 상당히 많습니다.

생각은 시시각각 변하기도 하고, 감정은 그때그때 수위가 다릅니다. 어젯밤에는 당장 참을 수 없었던 분노와 슬픔

자기표현력

도 하룻밤 묵히고 나면 언제 그랬냐는 듯이 아무렇지도 않은 일이 되기도 합니다. 자칫 말의 언어로 내 생각과 감정을 섣불리 표현했다가 감정의 골이 더 깊어만 가는 경우도 흔합니다. 다시 내 감정과 생각을 들여다보고, 수정하면서 자신의 표현을 다듬고 정리할 수 있는 '글'이야말로 가장 좋은 자기표현 수단입니다. 글은 말보다 실패할 확률이 현격히 낮습니다. 공개의 주도권 역시 오롯이 '나'에게 있습니다. 상대에게 드러내고 싶지 않다면 드러내지 않고 나만 보고 간직하고 있어도 됩니다.

오랫동안 직장생활을 하며 인간관계에서 어려움을 호소했던 글벗이 있었습니다. 그녀는 직접 '말'을 통해 사람들과 관계 개선을 하는 것은 자신의 내향적인 성향상 어렵다고 말했습니다. 하지만 답답한 마음을 지울 수 없어 글로 자기 생각과 감정을 잘 표현하기 위해 표현력 워크숍을 찾았다고 참여 계기를 밝혔습니다. 하지만 첫 번째 수업부터 그녀는 어려움을 호소했습니다. 평생 안 하던 '표현'을 하려니 뭔가 불편하다는 것이 그녀의 고백이었습니다. 하지만 그녀는 포기하지 않았습니다. 필사하고, 칼럼을 읽기도 하면서 타인의 글을 면밀하게 관찰하고 이를 통해 자신만의 생각을 한 줄, 두 줄 써내려 가기 시작했습니다. 그녀는 1년 남짓 꾸준히 자기를 표현하는 글을 썼습니다. 1년이 지나고 그녀는 쓰는 행위를 통해서 인간관계의 난관 중 80% 이상은 해결했다는 말을 전해주었습니다. 그녀가 말한 '글'로 표현하는 감정과 생각 정리의 좋은 점은 이렇습니다.

1) 우선 생각과 감정을 글로 정리하니 보다 객관적으로 나의 감정과 생각을 바라보게 되었다. 자칫 감정 과잉, 사실 왜곡 등으로 기억될 수 있었던 일들을 글로 정리하면서 나도 모르게 오해했던 부분이 풀리기도 하고, 상대의 입장에서 사실을 좀 더 냉정하게 바라보게 되었다.

2) 쓸데없는 감정 소모의 시간이 현격히 줄어들었다. 타인에 대한 불편한 감정을 글로 풀어내면서 한 달 내내 나를 괴롭혔던 감정 소모의 시간이 일주일, 3일로 줄더니 이제는 하루 남짓이 되었고, 내 시간

을 더 긍정적으로 활용하게 되었다.

3) 말을 할 때 정돈된 언어를 사용한다. 이전에는 내 감정과 생각이 정리되지 않아 횡설수설 두서없는 말로 말의 본질을 흐리는 경우가 많았는데, 글쓰기로 생각과 감정을 정리하는 훈련을 하니 말하기가 훨씬 더 쉬워졌다.

- 표현력 워크숍 참가자

사실 그녀에게는 오래 해소되지 않았던 가족과의 아픈 상처가 있었습니다. 하지만 꾸준히 글을 쓰면서 가족에게 받았던 상처를 1년 동안 글로 정리하자 그 상처를 좀 더 객관적으로 바라보게 되었고, 마침내 그 상처에서도 어느 정도 자유롭게 되었습니다.

자기 생각과 감정을 '말'로 하는 표현도 좋습니다. 하지만 글로 표현하는 이 과정을 통해 어쩌면 좀 더 근본적인 자기 표현력을 기를 수 있지 않나 싶습니다. 말이나 글 어떤 것을 선택해도 좋습니다. 단, 자신의 상황과 성향에 맞는 방법을 찾는 것이 핵심이고 관건입니다.

당신 삶의 주도권은 누구에게 있나요?

인간은 자기 삶을 주도적으로 살기 원합니다. 자기가 선택한 장소에서, 자기가 만나고 싶은 사람들을 만나며, 하고 싶은 것을 하고 살기 원하는 것은 인간의 가장 원초적인 감정입니다. 이것을 우리는 '삶의 주도권'이라고 부르고, 이를 완성한 사람들을 부러워합니다.

한 지인은 일 년 12개월 중 9개월만 일을 합니다. 그녀는 농사를 짓습니다. 이른 봄부터 가을까지만 농사일을 하고, 농한기인 겨울에는 일하지 않는 것입니다. 그녀는 겨울 두어 달 동안 따뜻한 나라나 제주도, 강릉 등 자신이 살고 싶은 곳에서 머무릅니다. 그리고 다시 이른 봄이 되면 자신의 농장으로 돌아갑니다. 지금이야 시골 살기가 유행처럼 번지고 있지만, 25년 전은 누구나 서울에서 생활하고 싶어 하던 때였습니다. 2, 30대에 저와 친구들은 그녀의 삶의 방식이 다소 못마땅했습니다. 20대 나이에 시골에 가서 농사를 짓는 것도 왠지 어색했고, 도시를 떠나서 사는 삶이 영 마뜩잖아 보였습니다. 하지만 그녀의 삶의 만족도는 그 누구보다 높았습니다. 해가 지나며 그녀의 삶의 방식이 차츰 이해가 갔습니다.

이제는 압니다. 그 누구보다 그녀는 자기 삶의 주도권을 행사하고 있다는 것을요. 무려 20년도 훨씬 전에 그녀는 어떻게 이런 생각을 하고, 실천할 수 있었는지 무척 궁금했습니다. 그녀는 공무원으로 한평생 살아온 아버지를 보며 '나는 다른 방식으로 살아야겠다'라고 마음먹었다고 합니다. 그래서 학교를 졸업하자마자 시골로 내려갔고, 거기서 농사일을 직접 배우며 삶의 주도권을 잡은 것입니다. 주변 여러 사람의 만류에도 불구하고 그녀는 그렇게 자신의 삶을 스스로 개척하며 살았습니다. 지금은 제 주변 사람 중에서 삶의 만족도가 높기로는 단연 1등입니다.

삶의 표현방식은 모두 다릅니다. 가장 중요한 것은 과연 내 삶의 주도권이 누구에게 있는가입니다. 여러분 삶의 주도권은 누구에게 있나요? 혹시 매일 눈치 보는 상사나 주변 사람들에게 있는 것은 아닌지 살펴보세요. 삶의 주도권이 타인이 아닌 자기 자신에게 있어야 삶의 만족도가 상승합니다. 아무리 좋은 환경, 아무리 좋은 상황에 놓여 있다고 해도 삶의 주도권이 나에게 있지 않으면 그것들은 모두 허상에 지나지 않습니다. 우리는 삶의 주도권을 갖고 살아가는 사람을 '주체적인 인간'이라고 말합니다. 독일의 철학자 파스칼 메르시어(페터 비에리)는 그의 책 『삶의 격』(은행나무, 2014)에서 주체적인 인간의 특징은 그저 앞만 보고 나아가는 것이 아니라 자신에 대해 의구심을 품는 것이라고 했습니다.

혹시 내 삶의 주도권을 잃어버렸다면 표현하는 글쓰기를 통해 내 삶의 주도권을 자기 자신에게로 끌어오세요. 자기를 표현하는 글쓰기를 하게 되면 '자신을 돌아보게' 됩니다. '내 인생에서 가장 후회스러웠던 순간은 언제였는지' '내 인생에서 가장 기뻤던 순간은 언제였는지' 하나씩 생각해보면서 나를 돌아보고, 그 과정을 표현하면서 자기 자신을 좀 더 자신이 원하는 방향으로 변화시키고 끌고 나가게 됩니다. 오로지 나의 이야기, 나의 생각, 나의 감정을 잘 들여다

보고 이를 글로 표현하기 때문입니다. 글감 하나하나를 통해 내 인생을 돌아보고, 어떤 것을 꺼내서 쓸 것인지 정하고, 그것을 천천히 적어 내려가면서 내 삶의 주도권을 찾아가세요.

표현력 수업의 시작은 표현 근육 풀기부터

지금부터 우리는 평생 안 하던 '표현'을 할 것입니다. 내 생각과 감정을 말과 글로 표현하는 방법을 익힐 건데요. 이를 위해서 간단한 준비 단계가 필요합니다. 말하기 전 입을 풀듯이 딱딱하게 굳어 있던 표현 근육을 풀어주는 것입니다.

좋은 표현은 어디서 올까요? 나의 오감을 통해서 들어오는 다양한 정보를 잘 입력하는 일에서부터 시작됩니다. 우리의 표현은 우리의 오감을 통해 들어오는 정보를 통해서 이루어집니다. 그렇다면 내 안의 오감이 충분히 작동하고 있는지 살펴봐야겠지요? 오감은 우리의 표현력을 키워주는 아주 중요한 '스위치' 역할을 합니다. 인간은 오감을 통해서 얻는 다양한 정보들을 내 안의 여러 경험과 지식을 통해 자기 것으로 소화하고 이것을 표현합니다. 예를 들어 아침에

청각을 통해 기분 좋은 새소리를 들었다면 이 새소리를 통해 자연의 신비로움과 안정감에 대해 느끼고 생각할 것입니다. 만약 새소리를 듣지 못했다면 이런 감정을 느끼고 생각을 떠올리기는 쉽지 않습니다. 그래서 오감은 내 표현을 만드는 가장 중요한 도구이자 가장 기초 재료입니다. 매일 밥을 먹듯이 내 오감을 통해서 들어오는 여러 정보와 영감, 상황, 이야기를 놓치지 말아야 합니다. 그 안에 나를 표현하는 가장 든든한 도구들이 숨어있으니 말입니다.

그런데 인간은 튼튼하고 섬세한 오감을 가지고 태어나지만 애석하게도 성장하면서 익숙한 감각 기관만을 통해 정보를 취합니다. 그리하여 잘 쓰지 않는 감각 기관은 점차 퇴화합니다. 표현을 잘하기 위해서는 죽었던 다섯 가지 감각 기관을 다시 잘 살려내야 합니다. 여러분의 하루를 잘 돌아보고 그 안에서 시각, 청각, 후각, 미각, 촉각의 오감을 통해서 알게 된 정보들을 글로 표현해보세요. 머릿속으로 떠올리는 것에만 그치는 것이 아니라 감각 기관별로 집중해서 2, 3가지 적어봅니다.

표현 근육을 푸는 오감 표현 일지

9월 9일 (토) 오감 표현 익히기

시각 – 햇살 좋은 하늘, 잘 정돈된 책상, 여기저기 흩어져 있는 나의 책

청각 – 아침부터 밥 달라는 아이의 목소리, 윗집에서 들리는 피아노 연주 소리(윗집 언니는 정말 피아노를 잘 친다), 남편이 켠 TV 소리

후각 – 아랫집에서 올라오는 고등어 냄새, 청국장의 진한 내음, 고소한 참기름 냄새

미각 – 비빔밥 속 달큼한 밥알의 맛, 시원한 맥주의 톡 쏘는 맛, 윤기가 흐르는 삼겹살의 진한 맛

촉각 – 까슬거리는 이불, 새 수건의 뽀송한 감촉, 아이의 작은 손에서 느껴지는 말캉함

분명 쓰다 보면 떠오르지 않는 감각 기관이 있을 것입니다. 너무 실망하지 마세요. 꾸준히 기록하다 보면 어느새 나

도 모르게 죽었던 감각 기관이 다시 살아나는 것을 느끼실

수 있습니다.

세상에서 가장 어려운 감정 표현하기

　　오감으로 표현 근육을 잘 풀어주었다면 이제부터 할 일은 내 감정을 표현하는 방법을 익히는 것입니다. 표현은 내 감정을 밖으로 드러내는 것부터 시작됩니다. 감정 표현, 정말 세상에서 가장 어려운 것 중에 하나지요. 〈정직한 후보〉라는 영화가 있습니다. 주인공은 국회의원 선거에 출마한 후보입니다. 어느 날 속에 있는 말, 즉 자신의 감정과 생각을 여과 없이 모두 말로 드러내는 병(?)에 걸리게 됩니다. 타 후보들과의 토론회에서도 상대에 대한 거침없는 속마음을 그대로 드러내기도 하고, 가족이나 지인들에게 서운했던 감정도 그대로 표현합니다. 물론 영화는 판타지입니다. 자기 안에 있는 감정을 다 솔직하게 드러내고 사는 사람은 없지요. 우리는 어느 정도 사회적인 가면을 쓰고 살아야만 합니다.

하지만 이 영화를 보는 내내 '사이다 같은 시원함'을 느끼셨다면 자신의 감정 표현에 대해 한 번쯤 생각해보면 좋겠습니다.

많은 사람이 표현을 잘하는 사람은 타고났다고 합니다. "저 사람은 부모가 말을 잘하나봐" "저 사람은 원래 성격이 외향적이래" 등 자신의 부족한 표현력을 부모나 유전자 탓으로 돌리는 경우가 많습니다. 물론 유전이나 환경적인 요인을 배제할 수는 없습니다. 하지만 외향적인 가정 환경에서 자랐다고 해서 모두 자기표현력이 높은 것도 아니고, 정반대도 아닙니다. 물론 정답은 없습니다. 단 한 가지 알 수 있는 것은 표현력, 특히 감정 표현은 누구나 잘해야 한다는 것입니다. 내 감정은 소중하고 존중받아야 하기 때문입니다. 내 감정의 소중함을 알아야 타인의 감정도 잘 알 수 있고, 존중할 수 있습니다. 그렇다면 감정 표현을 잘하기 위해서 우리는 어떻게 해야 할까요?

감정 표현을 잘하기 위해서는 감정에 정확한 이름표를 붙일 줄 알아야 합니다. '짜증 나'라는 말이 있습니다. 버스 정류장에서 버스를 기다리던 중학생 4, 5명이 버스가 한참

오지 않자 합창이라도 하듯 앞다투어 이 단어를 쏟아냅니다. "짜증 나!" 맞습니다. 기다리던 버스가 오지 않으면 짜증이 나지요. 친구와의 약속에 늦을까 봐, 학교나 회사에 지각할까 봐 염려됩니다. 그런데 이 상황에서 4, 5명의 중학생의 감정이 모두 같을까요? 어떤 친구는 화가 날 수도 있고, 어떤 친구는 불안할 수도 있습니다. 어떤 친구는 초조할 수도 있고요. 모두의 감정이 '짜증 나'로 통일된다는 것이 사뭇 이상합니다. 이는 자신의 감정을 지나치게 '기분'으로만 파악하기 때문입니다. 표현은 나에게 향하는 메시지인 동시에 타인을 향한 메시지입니다. 그래서 주관성과 객관성이 균형을 잘 이루어야 합니다. 특히 감정을 다루는 표현의 경우 주관성과 객관성을 잃게 되면 자칫 지나치게 감정이 너울거리는 한순간의 '기분'으로 오해하고 표현합니다. 마치 버스정류장의 중학생들처럼요. 기분이 나를 표현하는 도구가 되어서는 안 되겠지요? 기분은 순간적인 감정입니다.

자, 그러면 감정에 제대로 이름표를 붙여볼게요. 예를 들어 기쁜 감정의 경우 '신난다, 행복하다, 자유롭다, 가슴이 벅차다, 흐뭇하다, 상쾌하다, 시원하다, 짜릿하다, 설레다'

등 다양한 서술어가 있을 겁니다. 이런 식으로 다양한 감정에 여러 서술어를 입혀보세요. 기쁨, 슬픔, 사랑, 고마움, 즐거움, 불안, 공포(두려움) 등등 여러 감정을 쓰고 이런 감정이 느껴지는 서술어를 적어 보며 내 감정을 표현하는 여러 표현어휘를 익혀봅니다. 이외에도 여러 감정에 대해서 써보는 연습도 권합니다.

감정을 나타내는 서술어

감정	감정을 나타내는 서술어
기쁨	신나다, 행복하다, 자유롭다, 마음이 벅차다, 흐뭇하다, 상쾌하다, 날아갈 것 같다, 뭉클하다, 짜릿하다, 설레다.
슬픔	우울하다, 처량하다, 울고 싶다, 답답하다, 가슴이 저리다, 절망스럽다, 상처받았다, 공허하다, 헛헛하다, 속상하다, 외롭다.
사랑	뜨겁다, 보고 싶다, 생각난다, 사무치다, 미소 짓게 된다, 맛있는 음식을 보거나 좋은 곳에 가면 그 사람이 떠오른다.

고마움	감사하다, 따뜻하다, 눈물이 난다, 보답하고 싶다, 인사하러 가고 싶다.
즐거움	기쁘다, 유쾌하다, 웃음이 난다, 흥이 난다.
불안	혼자 있는 기분이다, 외롭다, 가슴이 뛴다, 집중이 되지 않는다, 걱정이 많다.
공포 (두려움)	무섭다, 머리가 쭈뼛쭈뼛 서다, 서늘하다, 온몸이 긴장된다, 손가락 마디마디에서 열이 난다, 손바닥이 뜨겁다.

일상의 평범한 이야기도
나만의 표현이 될 수 있다

한 기업의 임원들을 대상으로 하는 표현력 글쓰기 워크숍을 진행했습니다. 총 2차시에 걸쳐서 진행되었는데 1차시는 참여자들의 요청으로 여행 에세이 쓰기, 2차시는 일상에세이 쓰기로 수업을 했습니다. 오랫동안 서울 이곳저곳을 기록하고 있는 저의 이야기를 토대로, 꼭 해외나 명소가 아니더라도 나만의 일상 이야기가 자신을 표현하는 도구로 좋은 소재가 될 수 있음을 알려드렸습니다. 이내 실습 시간을 가지며 최근에 다녀온 일상 여행기를 짧게 쓸 것을 주문했습니다. 듣는 강의에 익숙했던 분들은 직접 써보는 시간을 갖겠다는 말에 난색을 드러냈습니다. 업무를 위한 보고서와 기획안만 2, 30년 넘게 읽고 쓴 터라 이런 감성적인 글은 아예 쓰지 못할뿐더러 일상적이고 평범한 이야기를 표현하는

자기표현력

데 무슨 가치가 있을까, 이런 것도 글감이 되느냐 등등 의심 가득한 말들이 오갔습니다. 물러서지 않고, 10분이면 된다고 큰소리를 치고, 휴대폰을 모두 꺼내라고 말했습니다. 휴대폰을 꺼내 든 참여자들에게 최근에 찍은 가장 인상적인 사진을 골라 보고, 그날 누구와 언제, 어디에서 무엇을 했는지 상세하게 적고, 마지막에는 그날 느낀 느낌과 떠올린 생각으로 마무리하는 간단한 형식을 알려드렸습니다.

가벼운 형식은 참여자들의 글쓰기에 대한 두려움을 일순간 가라앉게 했습니다. 안도의 한숨과 함께 어떤 이는 가방을 뒤져 돋보기를 꺼내고, 어떤 이는 머리 위에 걸쳐 놓았던 안경을 쓰고 천천히 자신의 사진첩을 둘러보기 시작했습니다. 때로는 인상을 찡그리기도 하고, 때로는 흐뭇한 미소가 번지는 것이 보였습니다. 그리고 한두 명씩 '그래 결심했어'라고 말하는 듯한 눈으로 한 장의 사진을 옆에 두고 글을 쓰기 시작했습니다. 한결같았던 우려와 달리 참가자들의 글은 꽤 낭만적이었습니다. 오랜 직장생활로 가족들과의 시간이 적었던 이들이 대부분이었는데 최근 가족들과 함께하는 시간이 많아졌고, 아내와 함께 시간이 날 때마다 등산을 가고 있다는 이야기, 주말에 집 근처 새로 생긴 카페에 들러 차를 마시고 그동안 못 읽은 책을 읽은 이야기, 산책길에 만난 꽃과 나무 그리고 먼 여행을 준비하는 이야기까지 형형색색의 다양한 이야기가 쏟아졌습니다.

"글로 적기 전에는 몰랐는데 써놓고 보니 꽤 괜찮네요."
"일기로만 그칠 줄 알았는데 내 생각과 감정을 글로 남기니 한편의 여행 에세이 같다는 생각도 듭니다."

오랜 세월 동안 딱딱한 보고서와 기획안만 읽던 이들에게, 평범하고 별 볼 일 없다고만 느껴졌던 일상의 이야기도 자신의 생각과 감정을 표현하는 좋은 도구가 된다는 것이 깊게 각인된 날이었습니다.

얼마 전 읽은 『이어령의 마지막 수업』(열림원, 2021)에서 이어령 선생은 추상적인 큰 질문이 무모하다고 했습니다. 대신 자신이 가장 잘 아는 것, 그중 매일 하는 것을 생각하고, 그것처럼 하면 큰 질문에 대한 해답을 얻을 수 있다고요. '문학이란 무엇인가' '인생이란 무엇인가' '어떻게 살 것인가'처

자기표현력

럼 크고 거창한 질문만이 나를 표현하는 것은 아닙니다. 오히려 때로는 그런 거창하고 대단한 질문이 나의 생각과 감정을 더 모호하고 추상적으로 만들 수 있습니다. 내가 매일 하는 것, 일상에서 일어나는 작은 일들이 당신의 생각과 감정을 여과 없이 드러내는 가장 솔직하고 가장 귀한 표현 수단이 됩니다. 그 안에는 평소 나의 생각과 감정이 고스란히 들어있기 때문입니다.

잘 표현하려면 '나'를 잘 알아야 한다

철학자 소크라테스가 일찍이 '너 자신을 알라'라는 말을 했습니다. 우리는 타인에 대해서는 장점과 단점, 취향과 취향 아닌 것까지 넉넉하고 살뜰하게 잘 압니다. 특히 좋아하는 사람의 경우에는 더하지요. 반면 자기 자신에 대해서는 너무나 모릅니다. 한 번은 비대면으로 진행되는 표현력 글쓰기 수업에서 이런 일이 있었습니다.

"이번 주 글감은 자신의 장점에 대해서 3가지 이상 써보기입니다. 20분 정도 시간 드릴 테니까 잘 생각해보시고요. 천천히 쓰신 후에 단톡방에 올려주세요."

평소 10분 메모 글쓰기를 이미 여러 번 진행했던 수업이라 20분은 꽤 파격적인 시간이었습니다. 좀 더 완성도가 있는 글을 쓰기 위한 저만의 비장의 카드를 꺼내 든 것이었습니다. 20분 정도면 A4 반 장 이상의 글은 거뜬히 쓰고도 남을 만한 시간이었습니다. 하지만 30여 명의 참가자들은 글을 쓰는 데 좀처럼 집중하지 못했습니다.

"나의 장점에 대해 생각해본 적이 없어요."
"단점을 쓰면 안 될까요? 그건 5분이면 금방 씁니다."

사실 '자신의 장점 쓰기' 글감을 제시하면 이런 반응은 흔합니다. 표현하는 글쓰기의 시작은 자신을 잘 아는 것부터 시작됩니다. 심리학 이론 중 하나인 '메타인지'는 자신의 인지적 활동에 대한 지식과 조절을 의미합니다. 발달심리학자 존 플라벨(J. H. Flavell)이 제시한 용어로 '자기 생각을 판단하는 능력'을 일컫기도 합니다. 메타인지는 아이들의 발달 연구를 통해 나온 개념이어서 교육학 등에 주로 등장하지만 일상생활 속에서도 메타인지 이론은 적용할 수 있고 실제로 이 이론을 잘 적용하면 자신의 표현력뿐만 아니라 일상생활에서도 큰 만족감을 얻게 됩니다. 메타인지의 기본은 내가 아는 것과 모르는 것을 구분하고 판단하는 것입니다. 예를 들어 "어떻게 하면 글쓰기를 습관으로 만들 수 있나요?" "잘 쓴 글은 어떤 글인가요?" "글을 잘 쓰기 위해서는 어떤 책을 읽어야 하나요?"와 같은 질문에 저는 충실히 답변드릴 수 있습니다. 하지만 다음과 같은 질문에는 답변드릴 수 없습니다.

"시는 어떻게 쓰는 건가요?"
"좋은 시는 어떤 건가요?"
"시를 잘 쓰려면 어떤 책을 읽어야 하지요?"

물론 저는 국문학을 전공했고, 시에 관한 이론 공부도 했습니다. 하지만 저는 아직 시에 관해서는 향유하고 감상하는 단계에 있습니다. 시를 제대로 써 본 적도 아직 없고요. 그렇기 때문에 시 쓰기나 좋은 시 구분법, 좋은 시 창작을 위한 추천 도서 등은 저의 답변 영역이 아닙니다. 바로 이럴 때 메타인지가 작용합니다. '나는 시에 대해서는 잘 모른다. 그러니 시는 내가 모르는 영역이다'라고 말입니다. 제가 만약 메타인지를 동원하지 않았다면 위의 질문에 제법 자신 있게 답을 했을지도 모릅니다. 이렇게 메타인지는 자신을 객관적으로 살펴서 자신이 아는 것과 모르는 것을 구별하는, 이른바 '모니터링' 과정을 통해 자신이 잘 할 수 있는 것과 없는 것을 구별하는 '컨트롤'의 전 과정을 말합니다. 메타인지는 끊임없이 자기 자신을 모니터링하면서 내가 할 수 있는 것과 없는 것, 잘하는 것과 부족한 것을 구별하고 컨트롤을 통해 힘의 강약을 조절합니다. 자기 자신에 대해서도 마찬가지입니다. 나의 장점과 단점(부족한 부분)에 대해 잘 알고 있는, 메타인지 능력이 잘 발달한 사람이라면 내 표현력에서 부족한 것은 무엇이고, 어떻게 하면 나의 생각과 감정을 더 잘 표현할 수 있는지 고민합니다.

그렇다면 메타인지를 발달시키기 위해서 우리는 무엇을 해야 할까요? 바로 자기 자신을 객관적으로 바라보는 모니터링 훈련을 해야 합니다. 훈련이라고 하니 거창한 느낌이 들지만 그렇지 않습니다. 나라는 사람을 좀 더 객관적으로 바라보는 것입니다. 마치 자신을 CCTV로 본다고 생각하고 자신의 행동과 표현에 집중해보세요. 자신을 객관적으로 바라보는 것이 쉽지 않을 수 있습니다. 이럴 때 나를 잘 아는 타인에게 나의 장점이나 내가 잘하는 것 등을 물어보는 것도 큰 도움이 됩니다. 그렇게 조금씩 나에 대해 알아가는 것 그것이 메타인지이고, 나를 잘 표현하려면 이것이 선행되어야 합니다. 자신의 장, 단점을 분석하고 나를 제대로 아는 것, 이것이 표현력의 첫걸음입니다.

나를 아는 가장 쉬운 방법은
나의 욕구를 알아차리는 것

메타인지를 동원해 나에 대해 좀 더 구체적으로 알았다면 이제는 나의 욕구를 들춰볼까 합니다. 사회심리학에서는 '사람을 움직이는 심리적 동인'을 '욕구'라고 합니다. 때로는 충동이라고도 하고, 욕망이라고 보는 이들도 있습니다. 욕구는 유기체로서의 인간을 이해하는 중요한 단서 중 하나이기도 합니다. 메타인지를 통해 내가 잘 아는 것과 모르는 것, 나에 관해 알게 되었다면 이제는 내 욕구를 알아차리는 데 집중해볼까 합니다. 욕구는 또 하나의 나를 이해하는 도구이기도 하니까요.

심리학자 에이브러햄 매슬로(Abraham Maslow)는 인간의 욕구를 총 5단계로 구분했습니다. 사람은 가장 기초적인 욕구인 생리적 욕구(Physiological Needs)를 시작으로 안전해지려는 욕구(Safety Needs), 사랑과 소속 욕구(Love&belonging Needs) 그리고 더 나아가 존경의 욕구(Esteem Needs)와 마지막에는 자아실현 욕구(Self-Actualization Needs)를 차례대로 만족하려고 한다는 것이 그의 이론입니다. 매슬로는 죽기 전에 5단계 욕구의 한계점을 지적하며 피라미드는 뒤집어져야 옳았다고 말하기도 했습니다.

또 다른 학자들은 매슬로의 5단계 욕구는 순서대로 채워지는 것이 아니라 비순차적으로 오는 것이라고 말하기도 했습니다. 부동산 임대업으로 생활하는 지인이 있습니다. 그는 20대 때 중소기업에 다녔습니다. 사무직으로 시작하여 대리, 과장까지 승진했지만 그는 회사 다니는 것을 너무나 힘들고 괴로워했습니다. 이유는 출퇴근 시간의 압박과 동료들과의 관계의 어려움이었습니다. 혼자 있는 것을 유독 좋아하는 그는 출퇴근 시간 지옥철과 사람들이 대중교통을 타고 같은 시간에 출근해서 한곳에 모여 컴퓨터만 보며 일하다가 같은 시간에 퇴근하는 것이 이해되지 않았습니다. 업무 패턴을 보면 충분히 탄력근무제를 도입할만하니 출퇴근 지옥철에서 벗어나 좀 더 효율적으로 일할 수 있으면 좋겠다고 그는 생각했습니다. 게다가 그는 매우 이른 아침 시간에 업무 효율이 최고조인 사람이라 남들보다 일찍 출근하여 자기 일을 하고, 이후 자유롭게 퇴근하기를 원했습니다. 또 자기 계발에 관심이 많았던 터라 점심시간이나 주말에는 자신만을 위한 배움의 시간을 갖고자 했지만, 주말에도 이어지는 직장동료들과의 만남이나 평일 밤 늦게까지 이어지는 술자리는 자신의 이런 일상을 깨뜨리는 것이었습니다.

오랜 고민 끝에 그는 혼자서 일하는 방법을 찾기 시작했습니다. 하지만 막상 혼자 할 만한 일을 찾는 것은 쉽지 않았습니다. 막막했습니다. 그때 주변의 권유로 부동산 임대업을 알게 되었고, 관련 강의를 듣고 공인중개사 자격증을 따서 아파트, 상가를 시작으로 부동산으로 경제적 자유를 누리게 되었습니다. 마침내 매달 회사에서 받는 월급과 부동산으로 얻는 수익이 엇비슷해지자 그는 과감히 퇴사를 결정했습니다. 그리고 집 근처에 작은 사무실을 얻어서 자기만의 사업을 시작했습니다. 출퇴근과 인간관계의 어려움에서 벗어난 지인은 현재 매우 만족하며 살고 있습니다. 매달 수입은 달마다 조금 다르지만 비교적 안정적인 수입이 될 수 있도록 다양한 방법을 고안해내는 중입니다. 얼마 전 그와 대화를 나누다 보니 그는 타인의 존경이나 소속감에 대한 욕구가 적다는 것을 알게 되었습니다. 그보다 그는 '자아실현의 욕구'가 먼저였고, 자기 자신에 대한 '안전의 욕구'가 강했습니다.

또 다른 지인은 프리랜서로 10여 년을 넘게 일했는데, 항상 외로워했습니다. 일을 하다가 작은 어려움이나 질문이 생기면 스스로 알아보기보다는 주변 사람들에게 물어보는 것을 선호했습니다. 지인들과 안부를 전하는 단톡방에는 그녀의 업무에 관련된 질문이 가득했습니다. 간단한 세금 문제부터 컴퓨터 프로그램을 찾는 방법까지 그녀의 질문은 끝이 없었습니다. 저는 그녀에게 하는 일에 관련된 협회나 비슷한 일을 하는 사람들의 모임 혹은 단체에 가입할 것을 권했습니다. 처음에는 낯설겠지만 비슷한 일을 하는 사람들과 유대감을 쌓고 정보 교류를 하며, 무엇보다 소속감을 느끼게 되면 지금보다 일을 훨씬 더 안정적으로 할 수 있을 것 같다는 생각이었습니다. 그녀는 이내 한 단체와 협회에 가입했고, 그곳에서 다양한 사람들을 만나 안정된 소속감을

자기표현력

느끼며 여러 활동을 이어가고 있습니다.

사람마다 원하는 '욕구'의 크기와 양상은 다릅니다. 자신이 어떤 욕구를 중요하게 생각하고 느끼는 사람인지 아는 것은 나를 표현하고 아는 데 가장 중요한 척도가 됩니다. 매슬로의 욕구 피라미드뿐만 아니라 내가 가장 원하는, 내 안의 욕구에 귀를 기울여보세요. 그리고 그것들에 순위를 매겨봅니다. 그렇게 내 욕구에 순위를 매겨보는 작업을 통해 내가 진정으로 원하는 것이 무엇인지 알게 되면 스스로 어떤 사람인지 그리고 내가 안정적인 표현을 하기 위해서 선행되어야 하는 것은 무엇인지 금방 알게 됩니다. 오늘은 매슬로의 욕구 피라미드를 자기만의 방식으로 한번 다시 그려보면 어떨까요?

정확하게 표현해야 합니다

10년 차 직장인 은경 씨를 만난 곳은 한 센터에서 진행하는 글쓰기 수업이었습니다. 언뜻 봐도 차분한 외모에 똑 부러지는 말투, 모든 것이 완벽해 보이는 그녀였습니다. 하지만 그녀는 첫 수업 시간에 의외의 이야기를 꺼냈습니다.

"말로는 어느 정도 제 생각을 표현할 수 있다고 생각했어요. 그런데 문제는 글이에요. 비대면 업무가 늘어나면서 말보다는 글로 업무를 전달해야만 하는 일들이 많아졌어요. 기획안이나 보고서뿐만 아니라 업무 중 각종 교신이 글로 이루어지게 되었지요. 말과 달리 글로만 업무가 이루어지다 보니 제 생각과는 다르게 전달되기도 하고, 때로는 오해가 생겨 상처받게 되는 일도 잦아지더라고요. 그래서 글로 내 생각과 감정을 잘 표현하는 방법을 배워야겠다 생각하게 되었습니다."

그녀를 몇 주 관찰해 본 결과 그녀의 글에는 독특한 특징이 있었습니다. 말은 똑 부러지고 정확하게 하는 반면 글에서는 모호한 표현을 자주 사용하고 있었습니다. 그래서 글로 소통했을 때 어려움을 겪었구나 하는 생각이 들었습니다.

은경 씨의 팀은 현재 주 1회 재택근무를 시행하고 있습니다. 은경 씨는 재택근무를 하는 날 팀원들에게 이렇게 공지했다고 합니다.

오늘 중으로 제안서를 제출해주시면 좋겠습니다.

온라인으로 전달된 이 공지사항은 팀원 각자의 방식으로 해석되었습니다. 결국 은경 씨는 그날 밤을 새우며 팀원들의 제안서를 기다려야 했습니다. A씨는 저녁 8시에, B씨는 다음 날 새벽 6시에, C씨는 자정에 제안서를 보냈기 때문입니다. 게다가 전달 방식을 남기지 않아 팀원들에게 다시 일일이 공지해야 하는 수고로움을 겪어야 했습니다. 물론 이 예시는 아주 사소한 것일 수 있습니다. 하지만 이런 일이 반복되다 보니 은경 씨의 업무에 많은 지장이 생겼습니다.

여러분은 위 문장에서 가장 문제가 되는 표현은 어떤 것이라고 생각하십니까? 저는 가장 큰 문제가 서술어인 '좋겠습니다'라고 생각합니다. '좋겠다'라는 서술어는 호불호를 나타내는 말입니다. 강제성이 없습니다. 지키면 좋고, 지키지 않아도 크게 문제가 되는 부분이 없다고 느껴지는 단어입니다. '좋겠다'라는 서술어를 본 팀원들은 시간 제약을 고려하지 않았을 것입니다. 그래서 은경 씨가 설사 잠도 자지 않고 제안서를 기다릴 것이라고는 생각하지 않았기에 다음날 새벽에 제안서를 보냈을 것입니다. 만약 은경 씨가 위의 문장을 이렇게 표현했다면 어땠을까요?

오늘 자정까지 제 메일(메일 주소)로 제안서(사내 양식대로)를 제출해주세요. 제출 후에는 단톡방에 제출했다고 문자를 남겨주세요.

자기표현력

이렇게 공지사항을 남겼다면 은경 씨는 뜬 눈으로 밤을 새지 않았을 것입니다. 그리고 팀원들도 제한 시간까지 업무를 마무리하기 위해 애썼을 것입니다. 은경 씨에게 정확하게 표현하지 않는 이유를 물었습니다. 은경 씨는 일단 그런 표현은 너무 업무적으로 보인다고 답했습니다. 팀원을 이끄는 리더지만 너무 지시적인 언어를 사용하는 것은 불쾌감을 초래할 수도 있고, 자신보다 나이가 많은 팀원이 있기에 그 사람이 기분 나빠할지도 모른다는 두려움도 있다고 말했습니다. 물론 틀린 말은 아니지만 업무상 공지사항은 사교용 멘트가 아닙니다. 오히려 모호하고 부정확한 표현이 팀원들의 업무 효율성을 떨어뜨리는 경우도 비일비재합니다. 업무는 정확하게 지시하고, 사교적인 만남의 장에서는 누구보다 편안하고 진정성 있게 대한다면 팀원들은 더욱 만족하며 일할 것입니다. 글은 정확해야 합니다. 아름답고 예쁜 어휘를 선택해야 할 때도 있지만 업무적인 이야기를 나눌 때는 정확하게 표현하는 것이 좋습니다. 특히 문장 안에서 다양한 의미로 해석될 수 있는 표현은 지양하는 것이 좋습니다.

은경 씨와 같은 이유로 조심스럽게 표현하는 경우가 있습니다. 좋은 의도이고 권장해야 할 덕목입니다. 하지만 업무상의 이야기를 전달하는 표현은 정확해야 합니다. 눈빛만 봐도 알 수 있는 시대는 지났습니다. '옷깃만 스쳐도' 서로의 감정과 생각을 느낄 수 있는 시대는 역사책에나 나오는 이야기가 된 지 오래되었습니다. '눈빛'과 '옷깃' 그리고 서로를 이해했던 '공감'의 자리에는 때로는 작은 오해가, 때로는 미루어 짐작하는 추측과 억측이 자리하게 되었습니다. 그렇다고 표현을 너무 힘들어하거나 지레 포기하지는 마세요. 다양한 의미로 해석될 수 있는 모호한 표현을 지양하고 그 자리에 깔끔하고 정갈한 표현을 사용하면 그런 일은 일어나지 않습니다. 먼저 정확하게 표현하려는 마음을 가져보세요. 그리고 업무에 관한 표현과 사적인 표현은 정확히 구분해야 본질에서 벗어나지 않게 됩니다. 그 부분을 조금 더 신경 써보세요.

정확한 표현을 위한 나만의 체크리스트

번호	항목
1	중의적으로 해석될 수 있는 표현이 있는가?
2	중요한 전달 사항의 경우 시간과 장소, 구체적인 방법에 대한 고지가 있는가?
3	주어가 불분명한 표현은 없는가?
4	모호하게 느껴지는 단어나 문장은 없는가?
5	모든 사람이 다 알 수 있는 쉬운 언어로 표현되었는가?

이게 맞는 표현인가 의심스러울 때

"이게 맞는 표현인가 의심스러울 때가 있어요."

글쓰기 수업을 하다 보면 이런 질문을 자주 받습니다. 표현에 주저하는 경우입니다. 무형의 생각을 유형의 언어인 글자로 출력하는 과정은 대단히 복잡합니다. '이게 맞는 표현인가?' 의심이 들 때는 고민 말고 사전을 찾아보세요. 사전만큼 내 표현력을 일취월장시켜 줄 도구는 없습니다. 사전으로 단어의 의미를 정확하게 파악한다면 내 표현에 대한 의심을 잠재울 수 있습니다. 귀찮다고요? 물론 사전을 찾는 일은 귀찮지요. 하지만 잘못된 표현으로 오해를 받거나 고집스레 비슷한 표현만 반복적으로 쓰는 것보다 훨씬 낫지 않을까요? 그리고 사전을 자주 찾게 되면 자연스럽게 내 표현력에 활용할 어휘력이 향상됩니다. 시간이 지나면 매번 사전을 찾지 않아도 좋은 표현과 어휘들이 툭툭 튀어나오게 됩니다. 작은 수고로움이 정확하고 다양한 표현력의 원천이 됩니다.

사전을 활용하는 방법은 크게 두 가지입니다. 첫 번째는 평소에 내가 자주 쓰는 단어들을 사전에서 찾아보고 그 단어의 뜻을 숙지해보는 것입니다. 이때 단어의 뜻만 찾아보는 데서 그치지 말고 반대어와 유의어를 함께 읽으면 어휘력이 확장됩니다. 물론 문장에 직접 활용한 용례도 틈틈이 익히는 것이 좋습니다.

예를 들어 '불안'이라는 단어를 찾아보겠습니다. 표준국어대사전을 찾아보면 '불안'의 뜻은 이렇습니다.

불안 (不安) [명사]

1. 마음이 편하지 아니하고 조마조마함.

2. 분위기 따위가 술렁거리어 뒤숭숭함.

3. 몸이 편안하지 아니함.

유의어 : 공포, 그늘, 불안감

예 문 : 자꾸 웬일인지 걱정이 되고, 혹시 누가 방문
이라도 열지 않을까 하는 불안 때문에 제대로
격식을 차릴 수가 없었다.

이렇게 불안이라는 단어를 찾는 것만으로도 우리는 '공
포' '그늘' '불안감'이라는 3개의 단어를 더 알게 됩니다. 사전
을 자주 찾다 보면 이렇게 어휘력이 늘어납니다. 어휘력이
늘어나면 당연히 나의 생각과 감정을 표현할 수 있는 단어
를 더 많이 확보하게 됩니다. 그러니 사전 찾기를 소홀히 하
지 마시고, 의심이 들면 무조건 사전을 찾아보기를 바랍니
다. 더불어 사전에는 그 단어의 뜻만 있는 것이 아니라 그 단
어와 비슷한 말, 반대말, 다양한 문장에서의 용례 등이 실려
있습니다. 이를 활용하면 나만의 어휘망을 확장해 나를 표
현하는 든든한 무기인 어휘를 많이 장착할 수 있습니다.

우리가 원할 때 내 생각과 감정을 잘 드러내는 어휘가

자기표현력

매끄럽게 나오기 위해서는 단어 하나하나를 체화하는 과정이 필요합니다. 이를 위해서 사전을 활용한 어휘 메모법을 알려드리겠습니다. 예를 들어 사전에서 '자존감'이라는 단어를 찾아봅니다. 자존감의 사전적 정의는, 자신을 가치를 갖춘 존재로 여기고 부정적으로 여기지 않는 감정'입니다. 이렇게 자존감에 대한 사전적 정의를 숙지했다면 이어서 자존감에 관한 나의 생각을 정리해봅니다.

자존감에 대한 나의 생각 3문장 정리

자존감 안에 '자신을 부정적으로 여기지 않는 감정'이 포함되어 있다는 사실에 놀랐다. 자존감은 그저 자기 자신을 사랑하는 감정 정도로만 알고 있었기 때문이다. 그러므로 지나치게 높은 자존감은 문맥상 맞지 않다는 것을 알게 되었다. 만약 그런 의미를 쓰고자 한다면 '자의식'이라는 표현을 써야 한다는 것을 알게 되었다.

이렇게 단어 하나하나의 의미를 제대로 새기는 습관을 하다 보면 내가 표현하려는 의도와 상황에 맞는 적확한 단어들을 많이 알게 되어 표현력이 더욱 좋아집니다. 적은 노력으로 정확하고 깔끔한 표현이 될 뿐만 아니라 어휘력까지 늘어난다면 이보다 더 행복한 일은 없겠지요.

'나'를 표현하는 문장을 하나쯤 품고 살자

'브런치'라는 플랫폼이 있습니다. 이 플랫폼은 다른 플랫폼과 달리 글을 쓰기 위해서는 '작가 신청'이라는 절차를 밟아야 합니다. 여타 플랫폼이 회원가입만 하면 글을 쓸 수 있는 데 비해 브런치에 글을 발행하기 위해서는 작가신청서와 함께 샘플 원고 2, 3편을 제출하고 심사를 통과해야 합니다. 많은 이들이 작가 신청 과정에서 '탈락'을 맛봅니다. 한 강의장에서 무려 9번 떨어졌다는 분을 만난 적도 있습니다. 하지만 브런치 작가 신청은 간단한 원리만 알면 충분히 누구나 통과할 수 있습니다. 작가 신청은 총 3단계로 구성됩니다.

> **1단계** 작가님이 누구인지 이해하고 브런치 활동을 기대할 수 있도록 알려주세요.
>
> **2단계** 브런치에 발행할 글의 주제나 소재, 대략의 목차를 알려주세요.
>
> **3단계** 작성한 글을 첨부해주세요.

1, 2, 3단계 중 실제로 많은 분들이 가장 쓰기 힘들어하고 괴로워하는 것은 무엇일까요? 대개는 3단계 원고 작성이 가장 힘들 것 같다고 생각하지만, 실제로 수업을 하다 보면 대부분 1단계인 '나를 소개하는 글'에서 막막해 합니다. 학창 시절과 취준생 시절에 썼던 자기소개서와 달리, 자신을 표현하는 도구로써의 자기소개 글은 나의 인생 중에서 어떤 이야기를 구체적으로 딱 골라 표현해야 할지 알기 어렵습니다. 나를 소개하는 글은 뚜렷한 목적이 있는 자기 표현적 글쓰기 중 하나입니다. 상급학교의 진학을 위해, 이직을 위해 혹은 앞선 경우처럼 나의 콘텐츠를 소개하기 위해

나를 표현하는 글이 자기를 표현하는 글입니다. 그래서 자기소개 글은 목적이 명확합니다. 내 글을 읽을 독자가 명확하다는 뜻입니다. 우선 자기소개 글을 쓸 때는 다시 한번 글의 목적을 확인하는 것이 좋습니다. 특히 취업이나 이직을 위한 자기소개서를 작성할 때 지나치게 자신의 업적이나 활동 위주의 글을 작성하면 읽는 사람에게 자의식이 강한 사람으로 비칠 수 있습니다. 겸손과 자기 PR 사이에서 어려운 줄타기를 잘해야 합니다. 자신의 활동을 강조하되, 나열식으로 표현하기 보다는 해당 회사나 학교에서 원하는 인재상을 잘 숙지한 후 나의 활동 중에서 가장 부합하는 에피소드 한두 개를 중심으로 작성하는 것이 좋습니다. 너무 장황한 나열식 글 구성은 읽는 이들이 피로감을 느끼게 합니다. 에피소드를 쓸 때는 서론-본론-결론에 입각한 글보다는 간결하게 강조하고자 하는 에피소드만 드러내는 것이 좋습니다. 예를 들어 나의 봉사활동에 관한 내용을 드러내고자 한다면 봉사활동을 하게 된 계기나 목적보다는 활동 중에 가장 기억에 남는 에피소드 하나만을 집중적으로 서술합니다. 앞서 언급한 브런치 작가신청서의 경우에는 자신이 쓰고 싶은 글의 주제나 목차와 어울리는 내용과 활동 위주로 명확하게 적는 것이 좋습니다. 막연하게 '고양이를 좋아하고, 산책을 즐기는 내향인입니다' '요가와 정적인 삶을 지향하는 사람입니다' 식의 서술보다는 샘플 원고와 주제에 맞는 활동을 몇 년간 했고, 그것을 통해서 어떤 주제의 글을 쓰고 싶은지 서술하는 것이 훨씬 더 적합한 서술 방식입니다.

두 번째로 나를 소개하는 글에는 자신만의 철학이 내포되면 좋습니다. 같은 에피소드라도 그 사람이 평소 갖고 있는 철학에 따라 글이 전혀 다른 방향으로 전개될 수 있습니다. 삶에 대한 진지한 태도와 신념이 있는 사람의 표현은 자신만의 독특한 철학에서 나옵니다. 이는 사물과 세상을 바라보는 평소의 태도에서 비롯되는 것이니 일상에서 자신만의 관점을 갖는 훈련을 해보는 것이 좋습니다. 예를 들면 입사 지원서의 경우, 회사가 원하는 인재상에 해당하는 자신만의 철학이나 신념이 있다면 반드시 언급하는 것이 좋습니다. 이때 평소에 좋아하는 책의 문장을 활용하면 내 생각과 신념을 좀 더 잘 드러낼 수 있습니다.

결국 나를 표현하는 글은 '나'에 대한 평소 생각과 질문

자기표현력

에 대한 기록입니다. 어디서 사는지, 어떤 학교에 다니는지, 어떤 회사에 다니는지, 나이는 몇 살인지 그런 투박하고 틀에 박힌 표현법이 아닌 나를 설명하고 나를 인지시키는 나의 과거와 현재, 미래를 표현할 수 있는 문장들을 하나씩 익혀보는 건 어떨까요? 그 문장들은 내가 지금 읽고 있는 책, 본 영화, 드라마에서도 충분히 찾을 수 있습니다.

'좋은 표현력'을 갖추는 5가지 방법

좋은 표현력은 현대인에게 필수과제입니다. 오지에서 '자연인'처럼 생활하는 것이 아니라면 누구나 자기 생각과 감정을 다양한 경로와 방식으로 표현해야 합니다. 하지만 요즘은 자신의 생각과 감정을 과하게 '포장'하여 본질을 흐리는 표현도 자주 눈에 띕니다. 포장의 사전적 정의는 1) 물건을 싸거나 꾸림, 또는 싸거나 꾸리는 데 쓰는 천이나 종이, 2) 겉으로만 그럴듯하게 꾸밈입니다. 나를 표현하는 글을 그럴듯하지만 과하지 않고, 정직하면서도 정확하게 표현하려면 어떻게 해야 할까요?

첫째, 진부한 표현은 지양해야 합니다. 현대인들은 매우 바쁩니다. 다양한 매체를 통해 들어오는 정보들을 습득하고 정리할 시간도 턱없이 부족합니다. 그렇기 때문에 신선하

자기표현력

지 않은 진부한 표현이나 이야기에는 시선이 머무르지 않습니다. 일목요연하고 논리적인 표현, 비슷한 표현이라도 위트 있고 유머러스한 표현에 반응합니다. 예를 들어 "칭찬은 고래도 춤추게 한다" "체력은 국력이다" "시간은 금이다"라는 문장이 있습니다. 물론 좋은 뜻을 담고 있고, 많이 들어 본 문장이기에 어떤 의미를 내포하는지도 금방 알아차릴 수 있습니다. 하지만 다소 뻔하고 진부하게 느껴집니다. 그렇다고 다른 참신한 표현이 당장 떠오르지 않는다면 그럴 때는 이 표현들을 한번 비틀어 보는 방법을 추천합니다. 예를 들어 "칭찬은 고래도 춤추게 한다"는 "칭찬은 바디 프로필을 찍게 한다"로, "체력은 국력이다"는 "체력은 연애의 기술이다"로, "시간은 금이다"는 "시간은 타인에 대한 진정한 애정 표현이다"로 말이에요. 이렇게 조금만 비틀어 본다면 진부하고 뻔하게 느껴지던 문장도 참신한 표현으로 바뀔 것입니다.

둘째, 상황에 맞는 표현을 사용해야 합니다. 표현에는 이른바 TPO(Time, Place, Occasion)라고 하는 '시간', '장소', '상황'이 매우 중요합니다. 아무리 좋은 표현도 시간과 장소, 상황에 맞지 않는다면 하지 않는 것이 오히려 효과적인 경우가 많습니다. 적재적소, 시의적절한 자기표현력이야말로 진정한 나를 표현하는 도구로 빛을 발합니다.

셋째, 적확한 어휘를 사용해야 합니다. 문법에는 아무 문제가 없는데 나의 말이나 글을 타인이 잘 이해하지 못하는 경우가 있습니다. 대부분 부정확한 어휘를 사용한 경우입니다. 이때 적확한 어휘란 문맥과 맥락에 맞는 어휘를 말합니다. 아무리 화려해 보이는 어휘일지라도 문맥과 맥락에 맞지 않는다면 잘못된 표현입니다. 문맥상 적확한 어휘를 사용할 줄 아는 힘, 이것 역시 좋은 표현력을 기르는 방법 중 하나입니다.

넷째, 진정성이 있어야 합니다. 좋은 표현은 읽는 사람들에게 재미와 감동을 주고 양질의 정보를 제공합니다. 재미 있는 표현을 통해서는 웃음 지을 수 있는 여유 있는 시간을 마련해주고, 감동적인 표현을 통해서는 가슴 벅찬 훈훈함을 느끼게 합니다. 양질의 정보를 담은 표현으로는 내가 이 글을 읽을 동안 시간을 잘 활용했다는 자기 효능감을 느끼게 됩니다. 이 세 가지 중 하나만이라도 글에 투영되어 있다면 우리는 그 표현에 '진정성'이 배어 있다고 느낍니다. 진정성은 공감을 불러옵니다. 재미있는 표현을 고르기 위해 애쓴 글쓴이의 감정이, 감동적인 표현과 정보가 가득한 글을 쓰기 위해 노력한 정성이 고스란히 느껴지기 때문입니다.

　다섯째, 독자를 배려해야 합니다. 잘 쓴 표현의 마지막 기준은 '독자를 배려한 표현'입니다. 우리가 지금 익히고 있는 표현은 나만을 위한 표현이 아닙니다. 타인과 공감하고, 소통하고, 이해하며 갈등의 요소를 줄이기 위한 표현입니다. 무엇보다 내 표현을 읽고 받아들이는 사람, 즉 독자가 있는 표현입니다. 글을 쓰다 보면 나도 모르게 자신의 감정과 생각에 치우치게 됩니다. 그러다 보니 '이 정도는 다 알겠지'라고 자세한 내용을 그냥 넘기는 경우도 있고, 진짜 중요한 정보를 왜곡하는 경우도 발생합니다. 혹은 자신의 감정을 여과 없이 그대로 표현해서 독자를 멀어지게 하지는 않았는지 살펴봐야 합니다. 이때 내 입장이 아닌 독자의 입장이 되어 나의 표현을 다시 한번 곱씹어 보는 것도 좋은 방법입니다. 특히 감정이 들어간 표현의 경우 너무 내 감정 위주로만 나열된 것은 아닌지, 내 감정에 일관성이 있는지 살펴보는 것은 매우 중요합니다. 지나친 감정 표현은 독자에게 부담감을 주기 때문입니다.

이외에도 표현력이 좋다는 것은 다양한 의미로 해석될 수 있습니다. 다양한 관점에 대해 포용과 이해, 관대함을 갖추면서도 자신만의 가치관을 갖고 생각을 드러내고 있다면 이것 역시 좋은 표현력을 갖춘 글이라고 볼 수 있습니다. 이를 위해 편협한 시선으로 표현한 문장은 없는지 살펴보는 것도 좋은 표현을 갖추는 방법입니다. 특히 찬반양론이 있는 글의 경우 나의 의견과 다른 의견도 글에 포함해서 글의 포용력을 넓혀주는 것도 좋은 표현력을 갖추는 방법 중 하나입니다.

각종 SNS에는 자신을 표현하려는 대신 '포장'하려는 표현들이 난무하고 있습니다. 포장은 그럴싸한 포장지로 자신을 잘 감추고, 작은 것을 지나치게 커 보이게 하는 행위지만 표현은 있는 그대로의 나를 드러내는 행위입니다. 자신을 '포장'하기보다는 '표현'하는 데 집중해보세요. 포장은 쉽게 찢어지거나 바스러지지만 자신의 내면을 드러낸 단단한 표현은 그 사람을 더욱더 영글게 하니까요.

자기표현력

위트와 유머 있는 표현을 위해서는

"재미있는 글을 쓰고 싶습니다."

재미있는 표현을 익히고 싶은 욕망을 드러내는 분들이 많습니다. 좋은 현상입니다. 재미있는 글은 읽는 사람을 유쾌하게 하고, 긍정적인 생각을 하게 합니다. 쓰는 사람 역시 마찬가지고요. 재미에 대한 해석은 다양합니다만 여기서는 원초적인 '웃음'과 '유머' '해학'으로 정리해보겠습니다. 위트와 유머는 인간을 무장해제 시키면서 편안한 분위기를 만들어 마음의 안정감을 느끼게 합니다. 또한 어떤 시간을 의미 있게 보냈다는 나름의 카타르시스에 이르게 하는 방법이기도 합니다. 앙리 베르그송은 『웃음』(문학과지성사, 2021)에서 웃음이 '경직된 지배 체제를 교정하는 혁명의 수단'이라고 했습니다. 그만큼 웃음, 유머, 재미가 주는 효과는 아주 큽니다. 아무리 편집과 구성이 엉망이고, 유치하다고 말하면서도 우리가 명절 연휴에 방송되는 코미디 영화를 놓치지 않고 보는 심리가 여기에 있습니다. 2시간 남짓 꽉꽉한 현실에서 벗어나 잠시나마 마음의 위안을 얻고 한바탕 웃고 나면 다시 위기를 극복하고 살아갈 힘을 얻기도 하니 말입니다.

문제는 재미있는 글을 쓰기가 매우 어렵다는 것입니다. 재미있는 글을 쓰고 싶지 않은 사람이 있을까요? 누군가 내 글을 읽고 박장대소까지는 아니어도 입가에 미소라도 지었다면 그 글은 분명 '재미있는' 글입니다.

한 센터에서 만난 글벗님은 공부방을 운영하며 아이들을 가르치는 선생님입니다. 그녀는 공부방에서 있었던 아이들의 주옥같은 위트와 유머가 담긴 이야기를 글로 남기고 싶어 했습니다. 그녀는 많은 아이들이 출입하는 공부방 화장실의 청결과 위생, 소독을 위해 매일 오전 락스로 화장실을 청소한다고 합니다. 락스로 청소를 한 후에는 공부방의 문이란 문을 다 열고 환기를 시킵니다. 그런데 어느 날, 하루 종일 문을 열어 두어도 락스 냄새가 미처 빠지지 않아 공부방에 온 아이들에게 이를 전달하려는 찰나, 한 아이가 그새 화장실을 다녀오더니 "선생님, 화장실에서 캐리비안베이 냄새가 나요. 너무 좋아요"라고 말했다고 합니다. 그녀가 자초지종을 이야기하려고 하자 다른 아이들도 이구동성으로 "나도 화장실 갔더니 기분이 너무 좋더라고. 나 지난주에 캐리비안베이 갔다 왔거든. 아 또 가고 싶다. 캐리비안베이 냄새 맡으러 화장실에 또 가야겠다"라는 이야기까지 하는 것이었습니다. 자신은 락스 냄새로 아이들이 힘들어 할까봐 노심초사했는데 오히려 아이들은 그 냄새로 재치 있고 상상을 초월하는 이야기를 펼쳐놓았습니다. 매일 아이들의 공부방을 운영하는 데 힘이 들어도 아이들의 이런 엉뚱 발랄한 이야기들이 그녀에게는 또 다른 활력소이자 힘이 된다는 말도 잊지 않았습니다. 유머에는 이런 힘이 있습니다. 날씨 좋은 날, 남들은 이곳저곳으로 놀러 가는데 아이들과 씨름해야 하는 공부방 교사의 피로를 한 번에 씻어주는 마법입니다.

그렇다면 이렇게 위트 있고, 유머 있는 글을 쓰기 위해서는 어떤 감각을 몸에 익혀야 할까요?

　오랜 고심 끝에 생활 속에서 익힐 수 있는 방안을 몇 가지 고안해 냈습니다. 일단 유머 감각이 몸에 배어 있어야 합니다. 여기서 살짝 좌절을 맛볼지도 모르겠습니다. 조금은 타고나는 사람들이 있기 때문입니다. 무거운 분위기를 가볍게 만들고, 위트 있는 분위기를 잘 만드는 사람들이 있습니다. 하지만 타고나지 않았다고 포기하기에는 이릅니다. 다른 수많은 방법이 우리에게는 남아있습니다. 제가 추천하는 방법 하나는 예능 프로그램 자주 보기입니다. 예능 프로그램은 작정하고 웃기려고 만든 프로그램입니다. 작가, 피디, 출연자는 웃기기 위해 모인 전문가들입니다. 그들이 만들어 내는 웃음의 실패 확률은 다소 낮습니다. 앞서 언급한 코미디 영화도 도움이 됩니다. 유치찬란하다고 매번 OTT 플랫폼에서 외면하기 일쑤지만 솔직히 마음이 힘들 때 손이 먼저 가는 것은 코미디 영화입니다.

　두 번째로 유쾌한 사람과의 만남에 시간을 투자하세요. 유쾌한 사람은 억울한 면이 참 많습니다. 유쾌하다는 것은 삶을 대하는 태도가 진지하지 못하다는 평가를 받기 쉽습니다. 하지만 제가 만나 본 수많은 개그맨들 혹은 유쾌한 사람들 중에 삶을 대하는 태도가 진지하지 않은 사람은 결단코, 단 한 명도 없었습니다. 웃기는 것과 진지한 것은 다릅니다. 그들은 한 번의 '웃음'을 위해 고민하고 또 고민하는 사람들입니다. 그러니 유쾌한 사람이 가볍다고 오해하지는 마세요. 유쾌한 사람을 만나 그의 '생각 지도'를 따라가 보는 것도 훌륭한 벤치마킹이 됩니다. 그들이 어떻게 사물을 보고, 어떤 생각을 하는지 대화를 통해 알아본다면 조금은 내 글에 새로운 시각과 시선을 담아낼 수 있습니다. 더불어 유쾌한 사람과의 만남은 그것 자체만으로도 즐겁습니다.

세 번째, 발상의 전환을 해보세요. 당연하다고 여기는 큰 명제에 의문을 품어보는 것입니다. 예를 들면 이런 것들입니다.

· 책은 처음부터 끝까지 순서대로 읽어야 할까?

· 인간은 하루에 꼭 세 끼의 밥을 먹어야 하나?

· 글씨는 꼭 정자체로 써야 하는가?

불과 몇십 년 전까지만 해도 위의 세 가지 문항은 당연하다고 여겨졌습니다. 책은 목차대로 차례차례 읽어야 하며, 사람은 하루에 세 끼를 꼬박 잘 챙겨 먹어야 영양 상태가 균형을 이루고 성장에 도움이 된다고 말합니다. 글씨는 마음의 거울이며, 꼭 바르고 예쁘게 써야 한다고 여겼습니다.

하지만 그 당연했던 것들이 당연하지 않은 것이 되었습니다. 읽을 것이 차고 넘치는 세상에 책을 처음부터 끝까지 읽을 필요는 없습니다. 내가 지금 궁금한 부분만 발췌독해도 되고, 완독을 하지 못해도 괜찮습니다. 하루 세끼 역시 무조건 다 챙겨 먹을 필요는 없습니다. 영양 불균형만 초래하지 않는다면 한 끼를 먹어도 되고, 두 끼를 먹어도 됩니다. 오히려 세 끼를 꼬박꼬박 다 챙겨 먹으면 '비만'이 될 수도 있습니다. 각자의 생활 습관에 따라 식사 습관도 다릅니다. 디지털 글쓰기가 일반적으로 자리 잡은 이 시대에 더 이상 바른 손 글씨는 필수 덕목이 아닙니다. 그냥 알아볼 정도로만 쓰면 되고, 그마저도 이제는 거의 쓸 일이 없습니다.

이렇게 당연한 것들을 한 번씩 다른 각도에서 바라보면 재미와 유머를 넘어 격하게 공감하는 표현을 쓸 수 있습니다. 당연한 것을 당연하게 생각하지 않는 자세 역시 위트와 유머가 넘치는 표현을 하는 비법 중 하나입니다. 오늘부터 이 세 가지 방법 중에서 하나라도 실천해볼까요?

자주 말문이 막히는 당신에게

　어쩌다 보니 사람들 앞에서 이야기를 하는 사람으로 살고 있습니다. '글쓰기'에 대한 이야기부터 여성의 삶, 독서, 좋아하는 일, 작가, 문해력, 표현력 등의 여러 이야기를 '말'과 '글'로 표현합니다. 저는 말하기 전, 전해야 하는 이야기의 키워드를 마인드맵으로 정리합니다. 종이에 직접 손으로 키워드를 적어 가면서 이야기의 큰 줄기와 맥락을 잡아 나갑니다. 그리고 실제로 말을 할 원고를 작성합니다. 인사말부터 마지막 정리하는 멘트까지 하나도 빠짐없이, 해야 할 말을 '글'로 정리합니다. 그리고 강의 전날에는 그 원고를 다시 펼쳐놓고 업데이트할 소식이나 관련 내용이 있다면 보충합니다. 강연장에는 이 원고를 들고 가지 않습니다. 가져가지도 않을 거면서 왜 강의 내용을 굳이 글로 작성할까요?

내가 하고자 하는 이야기를 글로 작성하면 무엇보다 내가 무슨 이야기를 할지 정리하기 쉽습니다. 막연하게 이렇게, 저렇게 말해야지 하는 것보다 키워드별로 메모나 마인드맵을 만들어 가면서 정리하고, 다시 원고의 형태로 정리하면 말의 흐름과 순서가 정확하게 한눈에 보이고, 빠진 말이 무엇인지 눈에 금방 들어옵니다.

많은 이들이 말로 자신의 생각을 표현하는 것을 두려워합니다. 말은 글과 다릅니다. 말은 청중을 대상으로 하는 것이기에 청중의 영향을 받습니다. 청중의 반응이 미약하거나, 내가 하고자 하는 말이 의도대로 풀리지 않는 경우가 허다합니다. 글보다 변수가 훨씬 더 많기 때문이죠. 말할 당시 나의 컨디션에 따라서도 다릅니다. 일상생활에서 우리는 말문이 막히는 것을 경험합니다. 그래서 우리는 하고자 하는 말을 글로 정리해보는 평소 연습을 통해 나의 '닫힐 뻔한' 말문을 열리게 하는 것입니다.

내가 하고자 하는 이야기를 글로 정리하면 쉽게 '말문'이 막히지 않습니다. 설사 컨디션이 조금 안 좋고, 청중의 반응이 기대한 만큼 좋지 않아도 내가 쓴 글에 의지해 말을 이어가면 내가 하고자 했던 말을 안정적으로 전달할 수 있습니다.

자신이 하고 싶은 말이 있다면 일단 글로 정리해보세요. 그 글이 과연 말이 되었을 때 어떻게 발현될자 상상해보면서 작성하는 것도 하나의 팁입니다. 그리고 작성한 글을 소리 내어서 읽어보면서 말하기를 연습하면 훨씬 쉽고 매끄럽게 말을 할 수 있습니다. 이런 일련의 과정을 여러 번 거치게 되면 말하기 전 자신도 모르게 머릿속으로 내가 해야 할 말이 저절로 정리되는 경험을 하게 됩니다. 말을 하다가 자주 말문이 막히는 당신에게 다음 방법을 추천합니다.

자주 말문이 막히는 당신에게

1. 내가 하고 싶은 말을 단어로 마인드맵화해 볼 것

2. 마인드맵을 바탕으로 말하고자 하는 것을 대본처럼 써볼 것

3. 대본을 실제로 소리 내어서 읽어보면서 어색한 표현이 없는지 확인할 것

슬픔을 표현하는 방법

즐거운 일은 따로 표현하는 방법을 익히지 않더라도 표현하기 쉽습니다. 즐거운 일은 누구나 신나서 표현하기에 막힘이 없고 주저함도 없습니다. 무엇보다 그 자체로 즐겁습니다. 문제는 힘든 일, 속상한 일, 마음 불편하고 아픈 일에 관한 표현입니다.

한 표현력 수업에서 만난 B씨는 몇 년 전 아내를 잃었습니다. B씨는 슬픔과 고통으로 몇 년을 힘들게 지내다 용기를 내어 글쓰기 수업에 참석하셨다고 했습니다. 그는 아내와의 추억과 기억을 기록으로 남기고 싶은데 어디서부터 어떻게 시작해야 할지 막막해 했습니다. 잘 표현하고 싶고, 오래 기억하고 싶고, 무엇보다 아이들과 남겨진 가족들이 아내를 오래 오래 기억하기를 바랐습니다.

우리는 슬픔과 고통을 표현하는 법을 제대로 배워 본 적이 없습니다. 슬픔과 고통은 시간이 해결해 준다는 '이 또한 지나가리라' 요법으로 그저 감정을 오랫동안 묵묵히 누르고 사는 것이 미덕이라고 여겼습니다. 그러나 슬픔도 표현하지 못하면 병이 됩니다. 슬픔도 표현해야 합니다. 슬픔을 표현하는데 머뭇거리지 마세요. 평균 수명이 길어지면서 전보다 즐거운 일도 많지만 슬픈 일도 많이 겪게 됩니다. 고통과 슬픔은 표현하면 절반 이상은 줄어든다고 합니다. 문학 치료 관점에서도 쓰는 행위에 슬픔을 절감시켜주는 효과가 있다는 것이 많은 학자들에 의해 입증되었습니다.

슬픔과 고통을 글로 표현할 때는 몇 가지 방법이 있습니다. 일단 의식의 흐름대로 써야 합니다. 의식의 흐름대로 쓰는 기법은 말 그대로 내 생각과 감정이 이끄는 대로 그냥 쓰는 방법입니다. 맞춤법을 고려할 필요도 없습니다. 기-승-전-결, 처음-중간-끝, 맥락, 앞뒤 문장의 호응, 주어와 서술어와의 관계 등 구조나 문법을 생각하지 않아도 됩니다. 내 의식이 이끄는 대로 내가 표현하고자 하는 '고통과 슬픔'에만 집중해서 써봅니다. 물론 쓰다가 울게 되는 날도 여러 날

있을 것입니다. 이것 역시 표현의 한 과정이니 조금은 그 시간을 느껴보는 것도 괜찮습니다. 쓰다가 울면 어떤가요? 울기 위해서 글을 쓰는 날이 여러 날 생깁니다.

다음으로는 시간을 정해두고 쓰기를 권합니다. 슬픔을 표현하는 글쓰기에 너무 긴 시간을 할애한다면 일상에 지장을 주는 경우도 더러 있습니다. 가능하면 일정한 시간, 약 10~15분 정도 오로지 글과 내 슬프고 고통스러운 감정에만 집중해서 의식의 흐름대로 쓰기를 권합니다.

마지막으로 다 쓰고 난 후 딱 한 번만 묵독해보세요. 슬픈 감정을 마주하기 싫다는 이유로 슬픔을 표현한 글을 그대로 폐기하는 경우가 많습니다. 그 마음은 충분히 이해합니다. 하지만 어려운 감정일수록 정확하게 마주하는 연습을 해야 합니다. 그래야 그 감정에 보다 충실할 수 있고, 이런 과정을 거쳐야 후에 슬픈 감정을 마주했을 때 어떻게 헤쳐나갈 수 있는지 자신만의 방법도 찾게 됩니다. 그러니 힘들어도 딱 한 번, 내 감정을 토로한 글을 묵독으로 만나주세요. 그 이후에는 폐기를 해도 좋고, 다시 수정을 해도 좋습니다. 언제나 선택은 당신의 몫입니다.

고통과 슬픔을 표현하는 tip

1. 의식의 흐름대로 쓴다.

2. 시간을 정해두고 쓴다. (권장시간 10~15분)

3. 다 쓰면 한 번 묵독한 후 폐기할지 남길지 결정한다.

잘 읽어야 합니다

"심심한 사과의 말씀을 드립니다."

이 문장을 읽고 여러분은 어떤 생각이 드시나요? '심심하다'에는 여러 가지 뜻이 있습니다. 사전을 찾아보면 1) 하는 일이 없어 지루하고 재미가 없다 2) 마음의 표현 정도가 매우 깊고 간절하다 3) 음식의 맛이 조금 싱겁다 이렇게 3가지 뜻이 있습니다. 이 외에도 여러 뜻이 있지만 대중적으로 널리 쓰이는 것이 이 3가지입니다. 그렇다면 위의 문장 "심심한 사과의 말씀을 드립니다"에서 '심심하다'는 1, 2, 3번 중 어떤 의미로 사용된 것일까요? 천천히 생각해보세요. '마음의 표현 정도가 매우 깊고 간절하다'의 뜻으로 사용된 것임을 어렵지 않게 확인할 수 있습니다.

오늘날 사람들의 문해력이 매우 낮다는 기사가 연일 나오고 있습니다. 남녀노소를 불문하고 문해력이 이렇게까지 이슈가 되고 문제가 된 데는 여러 가지 원인이 있겠지만 점점 텍스트와 거리가 멀어지는 생활방식의 변화가 주범입니다. 불과 몇 년 전만 해도 정보를 습득하는 주요 방식은 읽기였습니다. 다양한 정보를 얻기 위해서 사람들은 글을 읽었습니다. 책, 신문, 잡지 등 여러 매체의 텍스트를 읽고 우리는 그 안의 정보를 습득했습니다.

하지만 인터넷 세상이 된 후 정보를 습득할 수 있는 방식은 종이로 인쇄된 문자를 읽는 것 외에도 매우 다양해졌습니다. 영상을 보고 300여 쪽이 넘는 고전문학의 내용을 10여 분 만에 파악할 수 있게 되었고, 뉴스 역시 SNS를 통해서 실시간으로 접하게 되었습니다. 이제는 굳이 문자를 읽지 않아도 알찬 정보를 쉽게 얻을 수 있습니다. 한 인문학자는 인터넷 영상만 봐도 대학교 4학년 정도 수준의 지식을 습득할 수 있는 시대가 되었다고 말하기도 했습니다. 상황이 이렇다 보니 사람들은 점점 텍스트에서 멀어집니다. 책은 물론이고 짧은 산문이나 에세이를 읽는 것조차 어려워

합니다. 실제로 1쪽이 넘는 글이나 15줄이 넘는 문자 메시지를 읽기 어려워하는 이들이 많다는 것이 연구 결과를 통해 입증되기도 했습니다. SNS에 긴 글을 올릴 때는 '긴 글주의'라는 태그를 달기도 합니다.

한 기업에서 했던 표현력 수업에서 1년 평균 독서량을 묻는 말에 한 권도 읽지 않는다고 대답한 사람이 참가자의 70%가 넘었습니다. 한 고등학교에서 고전문학 비평 수업을 하며 이때 독서에 관한 학생들의 생각을 들어 볼 기회가 있었습니다. 유튜브 영상을 보고 책의 내용을 먼저 파악한 후 책을 읽는 경우가 대부분이었습니다. 심지어 책을 읽지 않고 유튜브 영상만으로 독후 활동을 하는 아이들도 몇몇 있었습니다.

문해력은 말 그대로 글을 읽고 이해하고 표현하는 일련의 과정에서 얻는 힘입니다. 문해력이 높다는 것은 텍스트를 잘 이해하며 동시에 읽은 내용을 잘 정리할 수 있고, 이를 자기만의 방식으로 표현할 수 있다는 것을 뜻합니다. 문해력은 텍스트를 읽는 과정을 통해서 얻어집니다. 한 문해력 연구자는 이런 말을 했습니다.

"책을 읽는 행위 외에 문해력을 늘릴 방법에 관한 연구나 논문이 나온다면 그 사람은 노벨상을 받지 않을까 싶어요."

문자를 읽고 이해하고 표현하는 능력인 문해력은 텍스트를 읽는 행위만으로는 향상될 수 없습니다. 단상 위주의 SNS 스낵글로는 문해력이 좋아질 수 없습니다. 책 읽기가 어렵다면 산문 형식의 저널(칼럼)이나 에세이 등 생각과 감정이 잘 정리되고 표현된 한 쪽 정도의 글이라도 자주 읽으면 어떨까요? 그리고 글 안에서 글쓴이가 표현하고자 한 말은 무엇인지 찾아보고 고민하는 시간을 가져보세요. 이런 과정이 반복적으로 이루어지면 우리의 문해력은 차츰 자리를 찾게 되고, 문해력이 습득되면 표현력 역시 동반 상승하는 효과를 얻을 수 있을 것입니다.

좋은 표현력은 제대로 잘 읽는 것에서부터 시작됩니다. 잘 표현한 글을 읽는 경험으로 더 잘 표현하게 되는 것은 당연한 일입니다. 그렇다면 잘 읽는 방법은 무엇일까요? 첫 번째, 좋아하는 책부터 읽어보세요. 나에게 맞는 옷을 사기 위해서 오프라인 쇼핑몰을 두루 돌아다니며 내 취향에 맞는 스타일의 옷을 고릅니다. 책도 옷과 마찬가지라고 생각해보세요. 서점이나 도서관을 돌아다니며 내 취향에 맞는 책 제목, 표지, 작가를 골라보세요. 자주 들여다보고 자주 접해봐야 잘 고를 수 있습니다. 절대 한 번에 잘 이루어지지 않습니다. 옷을 고를 때도 마찬가지 아닌가요? 기껏 수많은 시간을 투자해 온라인 쇼핑몰에서 고르고 고른 옷이 집에 도착했을 때 입자마자 반품을 했던 경험, 모두 한 번쯤 있을 겁니다. 상세 페이지에 걸려 있던 모델들의 핏은 내 핏이 아니지요? 책도 마찬가지입니다. 나에게 잘 맞는 책을 찾는 여정은 '핏'이 맞는 옷을 고르기 위한 여정과 같습니다. 온라인 서점의 화려한 상세 페이지 문구에 현혹되기보다는 나에게 지금 필요한 책, 내 취향이 반영된 책부터 일단 직접 골라보세요. 이를 위해 오프라인 서점에 가서 눈으로 직접 확인하는 과정도 반드시 필요합니다.

두 번째, 좋아하는 책을 골랐다면 1, 2권 정도는 완독해보세요. 독서 습관이 형성되지 않았거나 독서를 자주 하지 않는 분이라면 꼭 1, 2권 정도 완독해보고 그 기분을 직접 한번 느껴보세요. 완독을 하고 나에게 '작은 성취감'이라는 선물을 심어주는 것입니다. 그 성취감은 또 다른 책을 읽게 하는 힘이 됩니다. 그러니 첫 번째 책을 선정할 때는 비교적 완독하기 쉬운 책, 내가 좋아하는 분야의 책으로 도전해보기를 권합니다. 처음부터 너무 두꺼운 책이나 어려운 책에 도전하면 독서에 흥미를 잃기 딱 좋습니다.

세 번째, 인상 깊었던 문장들을 손으로 직접 필사해보세요. 인상 깊었던 문장들을 한 문장 한 문장 손으로 쓰면서 나는 어떤 식으로 표현된 문장을 좋아하는지 나만의 '문장 취향'을 익혀보는 것도 문해력 향상의 밑거름이 됩니다.

문해력은 몇 개월 열심히 많은 양의 책을 읽는다고 해서 단번에 좋아지지 않습니다. 꾸준한 독서와 기록을 병행하며 자신만의 생각을 정리하고 이를 표현하는 글쓰기를 이어가면서 조금씩 나아질 수 있습니다. 더불어 문해력의 핵심은 내가 제대로 된 표현을 하기 위해서 여러 방면의 호기심을 놓치지 않은 마음이라고 생각합니다. 세상을 향한 넓은 호기심과 이를 위한 다양한 분야의 독서를 통해 나의 문해력을 향상해 봅니다.

'심심한 사과'라는 표현에서 '심심한'이라는 단어를 잘못

이해할 수 있습니다. 무엇이든지 다 알 수는 없습니다. 다만 나의 문해력이 낮다고 탄식하는 데 그치지 말고, '심심한'이라는 단어를 사전에서 찾아보고 내가 무엇을 몰랐는지 알아가는 과정을 호기심 어린 눈으로 꾸준히 실천하기를 바랍니다. 세상에 대한 열린 마음과 반짝이는 호기심이 더 나은 문해력을 만들고, 문해력은 곧 나를 표현하는 도구가 됩니다. 이런 과정들이 쌓이고 쌓여 좋은 표현력을 익히려는 습관으로 자리 잡아야 진정한 문해력과 표현력이 겸비됩니다.

표현력을 증가시키는 문해력 독서법 tip

1. 좋아하는 책 읽기부터 시작하기: 반드시 온오프라인에서 직접 책을 사보고 적극적으로 읽어볼 것, 많이 실패와 성공을 경험하면서 내 '핏'에 맞는 책을 고를 것

2. 1,2권 정도는 완독하는 경험을 꼭 맛보기: 작은 성취감은 그 다음 행동으로 이어지게 하고, 이는 습관이 되고, 습관은 결국 나는 만든다.

3. 기록과 병행하기: 필사와 생각 쓰기를 병행하면서 표현력을 익힐 것

4. 끊임없는 관심사를 유지할 것

타인의 생각과 감정을 읽는 법

자기 생각과 감정을 명료하게 표현하는 사람들의 글을 읽으면 속이 시원해집니다. 마치 내가 미처 못 한 말을 나 대신 용기 있게 해주는, 힘 좀 쓰는 동네 언니나 오빠를 만 난 기분입니다.

칼럼은 그런 글입니다. 칼럼을 읽으면 어떤 이슈에 관한 나의 생각이 하나씩 쌓여가는 느낌을 받을 수 있습니다. 나 도 이렇게 표현하고 싶은데 이 문제에 대해서 나는 어떤 생 각을 하고 있는지 표현하기 어려울 때, 짧은 칼럼이 명쾌한 답변을 주기도 합니다. 정확하고 똑 부러지는 자기 의견과 주장을 담아 표현하는 데 머뭇거리게 되는 이들에게 매일 한 편의 칼럼 읽기를 권합니다.

요즘에는 칼럼이라는 무거운 단어보다는 '오피니언'이

라고 많이 표현합니다. 다양한 분야의 다양한 생각을 듣기 위한 좋은 장르입니다. 포털사이트에서 '오피니언' 혹은 '칼럼'을 검색해보세요. 한눈에 다양한 칼럼과 오피니언 글을 만날 수 있습니다. 필진별 글 보기부터 날짜별 글 보기까지 나에게 맞는 방식을 선택한 후 좋아하는 필진의 글을 구독 신청하고, 한 편씩 정주행해 보는 것도 오피니언을 제대로 즐기는 방법입니다. 책 읽을 시간이 부족한 현대인에게 하루 한 편의 칼럼 읽기를 권합니다.

좋은 칼럼 및 오피니언 필진 소개

- 이진우의 거리두기
- 이후남의 영화몽상
- 김범준의 옆집물리학
- 송길영의 빅 데이터, 세상을 읽다
- 박찬일 세프의 맛있는 미학
- 김지수의 인터스텔라

이 외에도 각자의 취향에 맞는 칼럼이나 오피니언을 구독해보세요.

자기표현력

좋아하는 것과 덕질의 힘

글쓰기 수업을 하다 보면 몇 가지 반복되는 현상을 직면합니다. 자신을 표현하는 글쓰기를 시작할 때면 대부분 자신의 인생에서 가장 아팠던 부분, 결정적인 사건, 이른바 우여곡절이 많은 이야기부터 쓰려고 합니다. 결론부터 언급하자면 나쁘지 않습니다. 글은 자신의 마음이 항상 최우선이기 때문입니다. 내 마음이 움직이지 않으면 어떤 좋은 주제나 소재도 글로 표현하기 어렵습니다.

하지만 일련의 과정에서 놓치는 부분이 있습니다. 글쓰기가 채 연습 되지 않은 상태에서 자신의 힘들고 어려웠던 이야기를 쓰게 되면 정리되지 않은 생각과 감정을 잘 표현할 수 없어서 쓰는 내내 괴롭고 힘듭니다. 글로 막상 쓴다고 해도 결국에는 내 마음에 차지 않습니다. 표현력 워크숍 초반부에서 내가 좋아하는 것, 잘하는 분야, 관심 있는 주제에 대해 먼저 접근해보기를 권하는 이유도 이 때문입니다.

한 도서관에서 진행했던 수업에서 만난 여성은 독박육아 중이라고 했습니다. 남편은 주말에도 지방이나 외국으로 출장을 가는 일이 많아서 그녀는 아이들을 혼자 돌보고 있었습니다. 게다가 아이들은 한창 뛰어놀 나이인 3, 4살 연년생 남자아이였습니다. 그녀는 아이들이 모두 어린이집에 입학하게 되어 비로소 자기 시간을 갖게 되었고 이때 눈에 들어 온 것이 글쓰기였다고 했습니다. 몇 년째 나 자신이 없는 삶을 살다 보니 내가 누구인지 정체성을 잃어버려서, 글쓰기로 자아를 회복하기 위해 이 수업을 찾았다고 했습니다. 그녀는 자신을 지금 가장 괴롭히는 '독박육아'의 현실에 대해서 쓰려고 했습니다. 말리지 않았습니다. 하지만 첫 번째 수업에서 그녀는 눈물이 나서 도저히 이 주제로는 쓸 수가 없다고 했습니다. 저는 그녀에게 아이를 제외하고 지금 자신이 가장 좋아하는 것, 가장 집중하고 관심을 쏟는 것은 무엇이 있는지 생각하는 시간을 가져볼 것을 제안했습니다.

그녀는 BTS라고 답했습니다. 출산과 육아를 하면서 살이 많이 쪘는데 BTS의 음악을 들으며 유모차를 끌고 매일 밤 2시간씩 걸었고, 이를 통해 무려 20kg을 감량했다는 것입니다. 처음에는 유모차를 끌 동안 이 음악 저 음악을 듣다가 그들의 가사가 너무 좋아서 아미(BTS 팬클럽)가 되었다고 고백했습니다. 그녀에게 그 이야기를 글로 쓸 것을 권했습니다. 그녀는 세상을 다 얻은 듯한, 아주 행복한 미소를 띠고 글쓰기에 몰입했습니다. 육아의 어려움과 힘듦은 도입부에 짧게 쓰고, 지금 나를 흥분시키는 BTS와 그 경험으로 겪은 변화에 대해서 쓰라고 조언했습니다. 글을 쓰는 내내 계속 웃음을 띠고 있던 그녀의 얼굴이 아직도 눈에 선합니다. 표현하는 글쓰기는 자신이 좋아하는 것부터 쓰는 것이 좋습니다. 힘들고 어렵고 괴로웠던 일에 대한 이야기는 글쓰기가 어느 정도 숙달된 후에 표현해도 늦지 않습니다.

이를 위해 저는 '덕질'을 응원하고 '추앙'합니다. 덕질이야 말로 자기 자신의 내면을 끌어내는 가장 쉬운 방법이자, 자기를 이해하는 최고의 수단이며, 자기를 표현하는 가장 좋은 방식입니다.

한 도서관에서 인연을 맺은 사서 선생님은 차분한 성격

의 소유자입니다. 도서관은 이용객으로 가면 언제나 내가 필요한 책과 질문에 대해 답을 찾아주는 공간이지만 직장이 되면 또 상황이 달라질 것입니다. 몇 년 전 인문학 강연자와 담당자로 인연을 맺은 그녀와는 서로 SNS를 팔로우한 사이이기도 합니다. 그녀는 무명 가수 시절을 거쳐 최근 정식 데뷔한 한 가수를 덕질 중입니다. 그녀의 SNS는 그 가수의 행보로 가득 차 있습니다. 차분한 사서 선생님이 덕질 중인 가수 앞에서는 무장해제 되는 모습이 신비로울 뿐입니다. 그녀 안의 또 다른 그녀를 발견한 것입니다.

자신을 표현하는 글쓰기에 대해 많은 이들이 주저합니다. 내면의 깊고 심오한 무엇을 꺼내야 한다는 부담감을 잔뜩 안고 있습니다. 그런데 의외로 나를 표현하는 글쓰기는 간단합니다. 본인이 좋아하는 것, 잘하는 것, 흥미와 관심을 기울이고 있는 것을 쓰면 됩니다. 그런데 문제는 이런 생각을 평생 단 한 번도 해 본 적이 없어서 무엇을 써야 할지 난감해하는 사람이 많다는 점입니다. 자신을 표현하는 것은 내가 일상에서 겪는 '행복'과 '즐거움'의 축적입니다.

한 대학에서 글쓰기 강의를 했습니다. 200여 명이 모인 강연장은 그 열기로 후끈했습니다. 강연 후 학생들은 너나 없이 말했습니다.

"작가님, 저는 아직도 제가 뭘 좋아하는지 모르겠어요."

스무 살이 넘어 성인이 되었지만 여전히 내가 좋아하는 것이 무엇인지 고민하는 학생들을 보면서 많이 안타까웠습니다. 오늘 당장 열 일 제쳐두고 해야 할 것은 나는 무엇을 좋아하고, 어떤 분야에 관심을 두고 있는지 알아보는 것입니다. 내면에서 들려오는 소리에 집중해보세요. 그것이 나를 표현하는 가장 좋은 방법이니까요.

○ 실전편 [1단계] – '포장' 대신 '표현'하기

당신의 닫힌 표현력을 열게 하는 표현력 연습

1차시) 당신이 편안함을 느끼는 표현 방법은 무엇인가요?

우리는 언제 어디서나 나의 생각과 감정을 잘 표현하기를 원합니다. 하지만 참 쉽지 않지요. 내 감정과 생각을 드러내고 표현하는 방법을 우리는 단 한 번도 제대로 배워 본 적이 없습니다. 표현을 하려고 하면 가슴이 두근거립니다. 이런 표현을 과연 해도 될까? 만약 이 표현 때문에 상대와 거리가 멀어지면 어쩌지? 상대가 내 표현으로 기분이 나빠져서 지금까지 좋았던 관계가 틀어지면 어떻게 하지? 등 많은 생각이 듭니다. 하지만 세상은 나 혼자 살아가는 곳이 아니기에 우리는 누군가와 소통하고 관계 맺음을 통해 또 다른 나를 발견하고, 연결하고, 상호작용을 하면서 삶의 조각들을 만들어 나갑니다. 이제 표현은 꼭 해야만 하는 것을 넘어 '생존'의 문제라고 할 수 있습니다.

　나는 왜 표현을 하고 싶고, 표현은 나에게 어떤 의미가 있는지, 더불어 내가 편안함을 느끼는 표현 방법은 어떤 것이 있는지 차분하게 생각해보고 글로 표현해주세요.

_____

_____

_____

_____

_____

_____

_____

_____

_____

2차시) 표현 근육 풀기

어쩌면 우리는 표현의 달인이었을지도 모르겠습니다. 세상의 보이는 것, 들리는 것, 느껴지는 것에 온 마음을 쏟았던 시기가 있었으니까요. 그런데 어느 순간, 우리는 그런 것들을 점차 놓치면서 살고 있습니다. 왜일까요? 사는 게 바빠서? 타인의 시선을 신경 쓰고 눈치를 봐서? 물론 저마다의 이유로 감각으로 들어오는 수많은 표현을 멀리했을 수 있습니다. 하지만 좋은 표현, 제대로 된 표현을 익히기 위해서는 나의 표현 근육이 단단해야 합니다. 운동을 할 때 근력 운동을 하는 것과 같습니다. 러닝머신만 달리고, 수영만 한다고 해서 내 몸이 단단해지지 않습니다. 반드시 근력 운동을 해야 하지요? 마찬가지로 내 표현 역시 단단한 표현 근육이 만들어져야 흔들리지 않습니다.

지금부터 나의 표현 근육을 점검해보겠습니다. 오늘 하루, 나의 오감을 통해서 전해진 여러 표현을 수집해봅니다. 시각, 청각, 후각, 미각, 촉각을 통해서 들어온 좋은 '표현'을 2~3개씩 적어봅니다. (예시는 65쪽 참조)

날짜 : _____ 년 _____ 월 _____일

오감	①	②	③
시각			
청각			
후각			
미각			
촉각			

3차시) 감정 표현 연습하기

(1) 드라마나 영화를 통해 나의 감정 표현 연습하기

표현 중에서도 가장 힘들고 어려운 것이 감정 표현일 것입니다. 감정은 도대체 어떻게 표현해야 할까요? 생각은 논리 정연한 글과 말로 정리해본다고 하지만 감정은 그 실체조차 잘 잡히지 않아 표현하는 데 매우 큰 어려움을 겪습니다.

감정을 표현하는 다양한 방법이 있지만 무엇보다 감정을 표현하는 다양한 어휘를 습득하여 나의 '감정'과 조화를 이루도록 적절하게 활용해야 합니다.

이를 위해서 다음 방법을 소개합니다. 첫 번째는 드라마나 영화를 보고 자신의 상황과 감정을 정리하는 방법입니다. 인기리에 방영된 모 드라마에서는 "인생은 어떻게 보면 외력과 내력의 싸움이라고, 무슨 일이 있어도 내력이 세면 버틴다"고 했습니다. 이 대사에서 '내력'이 세다는 것은 어떤 의미이며, '내력'이 세기 위해서는 무엇을 어떻게 해야 할까요?

이처럼 드라마나 영화를 보다가 인상 깊은 대사가 있다

면 그에 대한 여러분의 생각과 감정을 표현해 보세요. 예를 들어, '외력'과 '내력'에 관해 어떤 감정이 드는지 내 감정을 들여다보고 표현해주세요. 또, 관련 있는 에피소드가 있다면 함께 써주세요. 또는 각자 떠오르는 드라마나 영화의 장면과 대사를 바탕으로 내 생각과 감정을 표현해봐도 좋겠습니다.

4차시) 감정 표현 연습하기

(2) 에세이로 시작하는 나만의 감정 표현

에세이는 글쓴이의 경험을 바탕으로 해서 자신의 생각과 감정을 드러내는 장르입니다.

타인이 쓴 에세이를 읽고 자신의 경험을 꺼내어 내 감정을 표현하는 연습을 해보도록 하겠습니다. 다음은 에세이 『어쩌면 잘 쓰게 될지도 모릅니다』의 한 부분입니다. 어느 날, '나는 왜 글을 쓸까?'라는 생각을 하다가 문득 들었던 감정들을 적었는데요. 여러분에게도 이런 위로의 순간이 있었는지 그 경험을 떠올려보고 그때의 생각과 감정을 짧은 에세이로 적어보세요.

오늘의 내 글이 누군가의 눈물을 닦아줄 수 있는 작은 손수건이기를,

오늘의 내 글이 누군가의 지친 어깨를 살짝 쳐주는 무심한 듯 보이는 손길이기를,

오늘의 내 글이 잠든 아이가 깰까 봐 이불을 뒤집어쓰

고 쓴 필사문 한 줄이기를,

오늘의 내 글이 종일 높은 힐로 퉁퉁 부어버린 발을

풀어 줄 조금 따끈한 물이기를,

마지막으로 오늘의 내 글이 고단한 하루를 보낸 나에

게 전하는 따뜻한 위로이길 바라본다.[*]

---

[*] 『어쩌면 잘 쓰게 될지도 모릅니다』, 이윤영, 위너스북, 2019. P.260-261

5차시) 내가 가장 좋아하는 것은?

감정 표현을 연습하는 가장 좋은 방법은 '좋아하는 것'을 표현하는 것입니다. 좋아하는 것은 떠올리기만 해도 기쁨을 줍니다. 엔도르핀이 마구 솟아나면서 내가 가진 열정과 긍정적인 내면, 자기 효능감을 느끼게 됩니다. 나는 이런 것들을 사랑하는구나, 이것들이 나를 더욱더 좋은 사람으로 만드는구나, 이런 것들을 사랑하는 나는 꽤 괜찮은 사람이구나 하는 감정을 느끼게 됩니다.

잠시 눈을 감고 내가 좋아하는 것들을 떠올려보세요. 사람도 좋고, 사물도 좋습니다. 한 가지가 아닌 다양한 분야에 '호기심'을 갖고 있는 나도 좋아요. 내가 그것을 왜 좋아하는지, 그것을 좋아하면서 느낀 감정들을 표현해봅니다.

6차시) 내 인생에서 가장 슬펐던 하루 묘사하기

우리는 긍정적인 감정을 표현하는 일에 꽤 능숙합니다. 하지만 문제는 부정적인 감정을 표현하는 것입니다. 나를 힘들게 하는 것, 나를 외롭게 하는 것, 나의 고통과 슬픔은 꺼내기조차 불편합니다. 그럼에도 불구하고 우리는 이를 마주해야 합니다. 그 실체를 알아야 그런 감정이 나를 엄습할 때 좀 더 지혜롭고 현명하게 그 상황을 잘 대처해나갈 수 있으니까요. 내 인생에서 가장 슬펐던 하루를 묘사해보겠습니다. 마음껏 누군가를 욕해도 좋고, 누군가를 원망해도 됩니다. 나를 억울하게 하고, 나로 하여금 힘든 하루를 보내게 했던 그날을 잘 떠올려보면서 그날 나의 신체 변화, 감정변화에 집중해봅니다. 더불어 앞으로 같은 상황에 처한다면 나는 어떻게 내 마음과 몸을 좀 더 편안하게 할 수 있을지도 한번 생각해봅니다.

_____

_____

_____

7차시) 나의 진짜 '욕구' 알아차리기

매슬로의 5단계 욕구를 나만의 방식으로 다시 한번 재정립합니다. 내가 '생리적 욕구' '안전의 욕구' '애정과 소속의 욕구' '존경의 욕구' '자아실현의 욕구' 중 가장 중요하다고 생각하는 욕구는 무엇이고, 그 이유는 무엇인지 표현해 보세요. 이에 관한 에피소드가 있다면 함께 적어 보는 것도 좋은 방법입니다.

8차시) 정확한 표현을 위한 사전 활용법

정확한 표현을 위해 우리는 사전을 애용해야 합니다. 사전에서 평소 좋아하는 단어, 자주 쓰는 단어나 궁금했던 단어의 뜻을 직접 찾아봅니다. 그리고 그 뜻을 정확하게 적고, 그 단어에 대한 나의 생각과 감정을 적어봅니다.

	단어	단어의 사전적 의미	해당 단어에 대한 나의 생각과 감정
평소 좋아하는 단어			
평소 자주 쓰는 단어			
평소 궁금했던 단어			

9차시) 나를 표현하는 문장 찾기 솔루션

맛밋한 자기소개 대신 나를 표현하는 멋진 문장을 만들어 보는 건 어떨까요? 책이나 드라마, 영화의 명대사를 활용해도 좋고, 직접 만들어 보는 것도 좋습니다.

나의 정체성, 나라는 사람을 드러내고 타인에게 각인시킬 수 있는 문장이라면 더욱더 좋겠지요?

_____

_____

_____

_____

_____

_____

_____

_____

10차시) 말문이 자주 막히는 당신을 위한 솔루션

평소에 말문이 막히는 경험을 자주 한다면, 하고 싶은 말을 글로 옮기고 이를 소리 내서 읽는 연습을 해봅니다. 더불어 이 과정을 영상으로 촬영하거나 녹음해봅니다. 이런 연습을 하면 말하기 전에 내가 해야 할 말을 머릿속으로 미리 떠올리게 되어 말문이 막히는 경우가 줄고 말로 인한 실수를 덜 하게 됩니다.

지금 내가 하고 싶은 말을 적어보세요. 나의 생각과 감정을 표현하고 싶은 대상을 정하고 그 사람에게 어떤 말을 할지 미리 문장으로 표현합니다. 그리고 그에게 편지를 쓴다고 생각하며 하고 싶은 말을 써봅니다.

표현하고 싶은 대상 (누구) :

_____

_____

_____

_____

대상에게 하고 싶은 말을 2,3문장으로 정리해보세요.
이때 반드시 단문으로 써봅니다.

_____

_____

_____

_____

하고 싶은 말을 실제로 그에게 편지를 쓴다고 생각하고
적어봅니다.

_____

_____

_____

_____

_____

_____

_____

11차시) 타인의 생각과 감정을 읽는 칼럼 읽고 정리하기

칼럼(오피니언)을 한 편 읽고 필자의 생각과 감정을 구분해서 기록해봅니다. 이때 필자는 자신의 감정과 생각을 어떻게 표현했는지에 집중해서 정리해봅니다.

칼럼 제목 : _____

출처 : _____

글에 나타난 필자의 감정 :

_____

_____

글에 나타난 필자의 생각 (의견) :

_____

_____

칼럼을 읽고 정리한 나의 생각 :

_____

_____

3

어떻게 표현해야 할까요?

닫힌 표현력을 열게 하는 2단계
〈숙달된 표현력을 익히기 위해〉

좋은 것은 좋다고, 아쉬운 것은 아쉽다고
표현할 용기

항상 좋은 것만 표현할 수는 없습니다. 때로는 나에게 불편함을 주는 요소에 대해서도 표현해야 할 시기가 옵니다. 그때 우리는 망설입니다. '내가 뭐라고 이것이 좋다 싫다 평가할까, 그래도 되는 걸까?'라고 말입니다. 한 기관에서 서평 쓰기 수업을 한 적이 있습니다. 서평은 책을 읽고 책 내용을 근거로 해서 나만의 시선과 관점을 담아 책을 해석한 내용을 표현하는 글쓰기의 한 장르입니다. 책에 관한 '비평'이라고 하면 더 쉽게 이해하실 듯싶습니다. 책을 읽고 단순히 감상을 이야기하는 독후감과는 사뭇 다릅니다. 하지만 우리는 비평이라는 단어에서 상당한 무게감을 느낍니다. '비평은 어렵다, 비평은 전문가들만 하는 것이다, 남이 어렵게 해 놓은 것에 대해 이러쿵저러쿵 이야기하는 것이 불편하다' 등등의 이유로 '비평'은 나와 관계없는 먼 영역으로 돌려 버립니다.

하지만 비평은 일상생활에서 아주 중요한 관점을 생산하는 활동입니다. 비평은 나만의 관점을 가지고 해석하는 힘입니다. 한 가지 사물이나 현상에 대해서 나만의 생각을 표현하는 일이기 때문입니다. 더불어 비평은 더 이상 '전문가'의 영역이 아닙니다. 오늘날 우리는 일상에서 알게 모르게 많은 비평 활동을 하고 있습니다. 물건을 사기 위해 마트에서 같은 종류의 물건을 보고 이를 다양한 관점(가격, 포장, 맛 등)으로 비교하는 것도 일종의 비평 활동입니다. 배달 음식을 먹고 해당 업체에 별점을 주거나 짧은 후기를 남기는 것 역시 비평입니다. 영화나 책, 미술, 음악 작품을 감상하는 행위 자체도 모두 비평의 영역이지요. 이제 비평은 일상의 영역입니다. 저와 함께 오랫동안 독서클럽과 글쓰기 모임을 함께 하는 분 중에 요식업에 종사하는 분이 있습니다. 코로나가 한창일 때 개업했던 그녀는 배달 앱의 후기와 별점이 이렇게 자신의 인생에 큰 영향력을 행사할 줄 몰랐다며 사람들이 모두 올바른 비평을 할 수 있는 문화가 정착되어야 한다고 목 놓아 이야기했습니다.

비평은 누군가를 해코지하거나 창작의 의욕을 꺾기 위한 복수의 수단이 되어서는 안 됩니다. 지혜롭고 올바른 비평은 더 나은 작품, 더 좋은 무언가를 만드는 동력이 되고 한 사람을 살리기도 합니다. 창작자들은 자신의 작품이 독자나 관객들에게 어떻게 이해되고 감상되고 있는지 궁금해합니다. 예술가들의 창작 의욕을 고취할 수 있는 좋은 비평을 할 수 있어야 합니다.

제 주변에는 책을 낸 작가들이 많습니다. 베스트셀러를 쓴 작가도 있고, 작품성은 좋지만 많이 팔리지 못한 책을 쓴 작가도 있습니다. 한번은 후자 축에 드는 작가가 이런 말을 했습니다. 글이 잘 안 써질 때면 인터넷에 자신이 출간했던 책 제목을 검색해본다고요. 검색을 하면 자신의 책을 잘 읽고 서평을 남긴 분들의 글을 만나게 되고, 그 글을 읽으면 왠지 모를 벅차오름이 느껴져 안 써지던 글이 다시 써지는 신기한 경험을 한다고 합니다.

비평은 창작자의 다음 작품을 위한 독자나 관객으로서의 의견이자 생각입니다. 이때 개인적인 감정이 들어가서는 안 됩니다. 좋은 것은 좋다고 표현할 용기, 아쉬운 것은 아쉽다고 객관적이면서 냉정하게 그리고 따뜻하게 표현할 용기! 그것이 비평이 가야 할 길입니다.

비평을 할 때는 최대한 콘텐츠를 객관적으로 바라보고 이해한 후 자신만의 관점으로 해석해야 합니다. 여기에 '그냥 재미없다' '그냥 감정이입이 안 된다' '나와 너무 다른 등장인물이라 맞지 않는다' 등의 감정적인 표현은 자제해야 합니다. 만약 재미가 없었다는 표현을 하려면 구체적으로 어떤 부분에서 어떻게 재미가 없었는지, 어떤 부분이 부족했는지 객관적으로 언급해야 합니다. 더불어 항상 염두에 두어야 할 것은 창작자가 다음 작품을 창작하도록, 즉 더 나은 창작을 하도록 독자나 관객의 입장을 충실히 전달하는 것이 올바른 비평의 태도이자 자세라는 점입니다. 비평은 불평, 불만만을 표현하는 것과는 다릅니다. 그 차이를 분명하게 기억하기를 바랍니다.

비평하는 자세

1. 콘텐츠에 대해 좋은 점과 아쉬운 점을 구분할 것

2. 좋은 점을 먼저 언급한 후에 아쉬운 점을 언급하고 그에 대한 대안이나 자기만의 생각, 관점을 피력할 것

필사는 잠시 쉬어갈 마음의 '그늘'을
만들어 주는 것

뜨거운 한 여름에는 그늘이 필요합니다. 그늘에 서서 지나가는 사람을 보기도 하고, 잠시 숨을 고르기도 합니다. 시원한 물 한 모금으로 타는 갈증을 식히기도 합니다. 필사는 이렇게 뜨거운 여름날, 잠시 쉬어가는 '그늘'과 같습니다. 내 생각과 감정을 한참 열심히 표현하다 보면 어느 순간 표현이 턱하고 막히는 순간이 옵니다. 이때 그 감정과 생각을 너무 오래 붙잡고 있다 보면 '표현하지 못하는 감정과 생각'에 매몰되기 쉽습니다.

"내 감정, 내 생각인데 막상 표현하려고 하니 쉽지 않네요."

무형의 생각과 감정을 유형의 '글'이나 '말'로 표현하는 일은 쉽지 않습니다. 수많은 연습과 훈련이 반복적으로 이루어져야 합니다. 하지만 반복은 지루합니다. 지루함은 곧 포기를 부르기도 하고요. 반복으로 이루어지는 성장은 속도가 무척 더딥니다. 결과물이 바로 나오지 않으니 지속할 수 있는 동력이 쉽게 떨어집니다.

이때는 잠시 '딴짓'을 해봅시다. 괜찮습니다. 타인이 쓴 글에 눈을 돌려보세요. 내 글이 안 써질 때는 남이 써놓은 글을 보는 것입니다. 누군가 "남이 차려 준 밥이 세상에서 제일 맛있다"라고 말했습니다. 마음 편히 남이 써 놓은 글을 읽으며 그의 표현을 하나하나 따라가 봅니다. 단순한 감상자의 입장보다는 함께 표현하는 사람의 입장으로 말이지요.

'필사'는 타인의 글을 읽고 이를 따라 쓰는 행위입니다. 좋은 문장을 따라 쓰는 행위는 내가 미처 표현하지 못한 내 생각과 감정에 도달하게 해줍니다. 책을 읽다가 문득 만나는 한 문장을 그냥 흘려보내지 마세요. 바로 그 문장에 내가 지금 표현하고 싶지만 미처 표현하지 못한 내면의 이야기가 숨어있을지 모릅니다.

도서관이나 서점에 가면 아무 생각 없이 서가를 지나치

다 문득 오래 머물게 되는 책장이 있습니다. 그리고 오래도록 그 앞에 서서 책 제목들을 찬찬히 바라봅니다. 그중 가장 마음에 와닿는 책을 고르면 신기할 정도로 지금 내 고민과 같은 표현이 나와 있습니다. 표현하고 싶은 단어나 문장이 떠오르지 않으면 그저 머리를 쥐어짜며 괴로워 말고, 잠시 타인의 표현을 읽으며 내 마음의 '그늘'을 찾아가 보는 건 어떨까요?

표현력 강화를 위한 필사 tip

책 한 권을 모두 필사하는 통 필사는 권하지 않습니다. 자칫 기계적인 필사에 머무를 수 있습니다. 잊지 마세요. 우리는 좋은 표현과 문장을 익히기 위해 필사한다는 것을요. 책을 읽다가 발견한 인상적인 문장이나 표현을 집중해서 필사합니다. 그리고 필사한 내용에 관한 내 생각을 반드시 2~3줄 정도 써보세요.

필사에 도움이 되는 몇 권의 책

『건반 위의 철학자』(프랑수아 누델만, 시간의 흐름)

『삶의 격』(파스칼 메르시어(페터 비에리), 은행나무)

『반 고흐, 영혼의 편지』(빈센트 반 고흐, 위즈덤하우스)

『월든』(헨리 데이비드 소로, 은행나무)

『죽음의 수용소에서』(빅터 프랭클, 청아출판사)

『직업으로서의 소설가』(무라카미 하루키, 현대문학)

『상처로 숨쉬는 법』(김진영, 한겨레출판사)

『슬픔을 공부하는 슬픔』(신형철, 한겨레출판사)

『인생의 역사』(신형철, 난다)

관찰자의 입장이 되어 보는 것

인터뷰를 참 많이 했습니다. 시골 동네의 마을 이장님부터 정치인, 예술가, 연예인, 전문가에 이르기까지 수많은 사람을 만나고 그들에게 질문을 던졌습니다. 한 사람의 인간적인 면모를 엿볼 수 있는 인터뷰부터 지식과 정보 전달을 위한 취재용 인터뷰까지 다양한 형식의 인터뷰를 진행하면서 몇 가지 느낀 점이 있습니다. 준비를 많이 해 간 인터뷰일수록 좋은 인터뷰가 된다는 것입니다. 당연한 일이지만한 사람을 인터뷰하기 위해 그가 출연했던 거의 모든 프로그램을 모니터하고, 그가 했던 사소한 발언이나 관련 기사를 정리하는 일은 때로 고단합니다. 좋은 인터뷰를 하기 위한 준비는 여기서 끝나지 않습니다. 모니터한 내용과 정리된 자료로 그의 다양한 면을 살펴본 후 나만의 관점으로 이를 정리하고 질문을 만듭니다. 이 과정에서 나는 철저히 인터뷰이를 바라보는 '관찰자'의 입장이 되어야 합니다. 그의 삶에 너무 가까이 다가가도 안 되고, 너무 멀리 물러나 있어도 안 됩니다. '적당한 거리'를 둔 채 그를 면밀히 검토하는 일, 그게 관찰자의 입장이 되는 일입니다. 그래야 좋은 질문이 나옵니다.

학창 시절 너무나 좋아했던 모 가수를 인터뷰 한 적이 있습니다. 그는 새 앨범과 공연 홍보를 위해 음악 토크쇼에 출연했고 저는 그 프로그램의 메인 작가였습니다. 처음 그를 만난 날 너무 떨려서 손과 발은 물론 뇌까지 흔들리는 것 같은 경험을 했습니다. 고백하건대, 그는 제 인생에 방송과 글이라는 인연을 맺게 해 준 한 명이었습니다. 그가 진행하는 라디오 프로그램을 들으며 그와 함께 방송을 할 수 있다면 '방송국의 먼지'가 되어도 좋겠다고 생각하고는 했습니다. 그에 대한 자료조사는 거의 필요하지 않았습니다. 이미 그의 모든 앨범, 기사, 방송을 수백 번도 더 듣고 본 덕후였기 때문입니다. 그럼에도 그의 지난 인터뷰를 다시 찾아봤습니다. 팬이 아니라 방송 프로그램을 제작하는 사람으로서 그를 다시 봐야 했으니까요. 녹화를 마친 후 그는 녹화의 소회와 퀄리티 있는 질문에 감사함을 전했습니다. 그의 말이 떨어지자마자 저는 그를 향해 소리쳤습니다. "오빠! 사실 저 오빠 팬이에요!"라고요. 이전까지 나름 근엄했던 메인 작가의 모습만 봤던 제작진들은 저의 의외의 모습에 한바탕 웃었고, 저는 다시 없을 그와의 순간을 사진으로 남겼습니다.

좋은 인터뷰를 끌어내기 위한 과정은 좋은 표현을 익히기 위한 과정과 비슷합니다. 좋은 표현을 끌어내기 위해서는 많은 사람을 관찰해보면 그 답이 조금은 쉽게 떠오릅니다. 주변 지인이나 가족을 한 명 정해 그를 잘 관찰해보고 그에게 궁금한 것을 관찰자의 시점에서 질문으로 만들어 보세요. 드라마의 주인공이나 유명인을 대상으로 해도 됩니다. 기사, 영상을 두루 살피며 그를 관찰하고 궁금한 질문을 적다 보면 그가 다시 보일 겁니다.

한 사람이나 사물을 오래 관찰하는 힘을 기르고 그 안에서 자신만의 관점을 찾아가는 것이 바로 관찰자가 되어 보는 일입니다.

관찰자 입장 되어 보기

1. 지인이나 가족 혹은 드라마 주인공이나 유명인을 한 명 정해 그에 대한 다양한 자료를 조사하거나 관찰해 본다.

2. 관찰 후 그에 대해 궁금한 점을 관찰자의 시점으로 질문지를 만들어 본다.

칼럼(저널)을 써볼까요?

언어의 존재 목적은 '소통'입니다. 언어는 말과 글로 이루어집니다. 말과 글은 소통에 활용되지요. 말과 글은 수단이고, 그 안의 들어갈 나의 감정과 생각이 핵심입니다. 언어라는 집에 내 생각과 감정을 인테리어 하는 셈입니다.

칼럼(저널)은 개인의 주장과 의견을 표현하는 글의 한 장르입니다. 그 어떤 글보다 자기 생각과 감정이 명확하게 드러나는 글이기에 표현하기 무척 까다롭습니다. 쓰기 쉽지 않다는 이유로 칼럼(저널) 쓰기를 피하기도 합니다. 하지만 외국에서는 아주 어렸을 때부터 에세이 쓰기라는 이름으로 자신의 생각과 감정을 글로 표현합니다. 예를 들어 수업 시간에 미국의 초대 대통령 '조지 워싱턴(George Washington, 1732~1799)'에 대해 배웠다면 배운 내용을 정리하고 요약하는 것이 아니라 '조지 워싱턴'에 대한 각자의 생각을 글로 써오라는 글쓰기 과제가 주어집니다. 배운 지식보다는 자신이 느낀 생각과 감정에 더 집중하는 학습법입니다. 이때 쓰는 글은 좀 더 논리정연하게 자기 생각을 드러내야 하기에 '칼럼' 혹은 '저널'이라고도 불립니다. 칼럼이나 저널을 쓸 때는 자기 생각과 의견을 정확하게 언급해야 하므로 지나치게 '감정적인 언어'로 표현하지 않습니다. 자칫 나의 주장과 생각, 의견의 근거가 희미해질 수도 있기 때문입니다. 칼럼 (저널)은 쓰기 전부터 다루고자 하는 주제에 대해 어떻게 글로 표현할지 곰곰이 생각하는 시간을 충분히 가져야 합니다. 예를 들어 위에 언급한 '조지 워싱턴'에 관해 칼럼을 쓴다면 그의 업적 중 어떤 부분에 대해 쓸 것인지, 내가 말하고자 하는 주제를 먼저 선정합니다. 그리고 이를 2, 3문장으로 짤막하게 적어봅니다.

만약 "일기는 (공개하는) 글이 아니다"라는 생각을 표현하고 싶다면 이 문장을 맨 먼저 써봅니다. 그리고 일기의 사전적 정의 혹은 일기의 일반적인 개념을 써봅니다. 이어서 내가 생각하는 '일기'의 정의 혹은 주변에서 보거나 들은 일기

자기표현력

의 사례에 대해 언급합니다. 이후 내가 말하고자 하는 주제, '일기는 (공개하는) 글이 아니다'라고 생각하는 이유를 경험과 같은 구체적인 예시를 들어서 설명합니다.

칼럼(저널) 쓰기는 한 가지 주제에 대한 나의 표현력을 높이는 데 매우 효율적인 글쓰기 방법 중 하나입니다. 이때 평소 자신이 궁금해했던 분야, 깊은 생각을 하고 있었던 분야나 이슈도 주제로 삼기에 좋습니다. 이를 위해 충분한 기사 검색과 관련 자료 수집, 독서를 권합니다. 한 가지 팁이 있다면, 관련 기사의 댓글에서도 사람들의 다양한 의견을 접할 수 있습니다.

칼럼(저널) 쓰기 단계는 대체로 도입 – 본문 – 결론으로 나뉩니다. 도입에 이 글을 쓰게 된 계기나 이슈, 동기 등을 언급하면 글의 시작을 좀 더 편안하게 할 수 있습니다. 이 분야에 관심이 있던 독자들은 글에 좀 더 호기심을 갖게 되고, 혹 관심이 없던 독자들도 이슈를 통해 생각해볼 수 있는 지점이 생깁니다. 관련 분야에 관심이 없었지만 이 글을 통해 새롭게 관심을 두게 되는 독자가 생길 수도 있습니다. 특히 사회적으로 큰 이슈가 된 뉴스의 경우에는 그 글의 핵심을 명확하게 드러내면서 독자의 주의를 환기하기도 합니다. 예를 들어 '스토킹'에 관한 당신의 생각을 쓰고 싶다면 가장 이슈가 되었던 사건, 사고를 도입부에 언급하는 방법이 있습니다. 더불어 내가 그 이슈에 대해 어떤 부분을 다룰지 명확하게 선을 그어주는 것이 좋은 칼럼(저널)을 쓰는 자세입니다. 스토킹의 법적 처벌이 가볍다는 점과 그로 인한 문제점을 언급할 것인지, 누군가를 만나는 것에 두려움을 느끼게 된 현대인에 대한 이야기할 것인지 도입부에서 명확하게 선을 그어 주어야 독자의 시선이 분산되지 않고, 글을 쓰는 사람 역시 논지에서 벗어나는 표현을 자제할 수 있습니다.

본격적으로 글을 쓰면서는 내가 표현하고자 하는 주장과 의견에 관해 여러 가지 예시를 들어 설명하며 독자를 설득하는 데 집중해야 합니다. 이때 자기 경험뿐만 아니라 다양한 생활 밀착형 사례를 언급하면 독자가 공감대를 좀 더 쉽게 형성할 수 있습니다. 소재나 주제, 사안에 따라 다르겠지만 자기 생각이나 의견에 대한 이유를 2, 3가지 정도 충분히 설명하는 것이 지혜로운 칼럼(저널) 본문 쓰기 방법 중 하나입니다.

결론을 쓸 때는 본문을 요약하거나 이 문제에 대한 자신만의 해결책 혹은 공감하는 포인트에 대해 언급합니다. 더불어 도입에서 제기했던 이슈에 관한 자신의 생각을 독자에게 다시 한번 정리해주는 것도 칼럼(저널)을 잘 쓰는 방법입니다.

도입과 본문, 결론이 마무리되었다면 수정과 퇴고를 통해 글의 완성도를 높입니다. 도입-본문-결론으로 구성되는 칼럼(저널)의 형식에서 각 부분을 칭하는 정확한 용어나 정해진 분량은 따로 없습니다. 다만, 본문이 전체 분량의 절반 이상 차지하는 것이 내 생각을 좀 더 효과적으로 표현하는 것으로 보입니다.

칼럼(저널)은 쓰기 꽤 까다로운 글입니다. 하지만 자기 생각을 잘 정리하고, 타인을 설득하는 표현력을 익히기에 좋은 장르 중 하나입니다. 칼럼(저널) 쓰기를 통해 다양한 주제와 소재에 접근해보길 권합니다. 사회적인 이슈나 시사 문제, 영화나 드라마 속 인물과 현상에 대한 문제 제기, 사람들이 당연하다고 여기는 개념과 관념에 관한 나만의 생각을 정리해보면 내 의견을 좀 더 구체화하게 되고, 이것은 결국 자기를 이해하는 또 하나의 방법이 될 것입니다. 물론 표현력이 향상되는 것은 당연한 일이고요.

칼럼 쓰기 좋은 주제

1. 일기는 글이 아니다.

2. MBTI로 만나는 세상! 과연 옳은가?

3. 독서문화를 이끄는 북튜버 vs 독서문화를 꺾는 북튜버

4. 알고리즘! 어디까지 따라가야 할까?

5. 간헐적 단식은 만병통치약인가?

자신의 표현 체력에 대해 냉정해질 것

한 예능 프로그램에 출연한 크리에이터가 MC에게 질문 했습니다. 자신은 약 5년 정도 콘텐츠를 만들다 보니 '번아 웃'이 왔는데, 그는 어떻게 지치지 않고 수년간 프로그램을 해 올 수 있느냐고 말입니다. 과거 운동선수였던 그는 지난 날을 회상하며, 운동선수들은 동계 훈련을 하는데 동계 훈련이 빛을 발하는 때는 '지칠 때'라고 언급했습니다. 그의 지 치지 않는 비결은 평소 꾸준한 체력 관리임을 알 수 있었습 니다. 이 말을 듣는 순간, 뒤통수를 한 대 얻어맞은 느낌이 었습니다. 몇 년 전 그가 상대의 속내를 여과 없이 털어놓게 하는 통찰력 있는 질문을 하는 모습을 보고 감탄했는데, 평 소 '번아웃'에 관해 생각하던 바를 준비라도 한 듯 막힘없이 답변하는 모습을 보고 또 한 번 놀랐습니다. 만약 표현력을 측정하는 수치가 있다면 그는 최고점이 아닐까 하는 생각을 했습니다. 물론 프로 방송인으로서 그 정도 체력 관리는 필수라고 이야기할지도 모르겠습니다. 하지만 제아무리 좋은 표현력을 갖춘다고 할지라도 체력이 뒷받침되지 않는다면 지속해 힘을 발휘할 수 없습니다.

표현의 원동력은 '체력'입니다. 좋은 표현을 익히기 위해서는 다양한 스킬을 연마하는 것도 중요하지만, 좋은 표현력을 낼 수 있는 최적의 상태가 언제인지 아는 것도 중요합니다. 인간은 내적, 외적 요인에 의해 크게 달라지고는 하니까요. 저는 이것을 '표현 체력'이라고 말합니다.

얼마 전 유명 시니어 크리에이터가 유튜브 영상을 더 이상 제작하지 않겠다고 공지했습니다. 몇 개의 영상만으로 많은 구독자를 보유한 그녀의 갑작스러운 행보에 많은 이들이 걱정했습니다. 그녀는 구독자들에게 고마움을 전하며 여러 작업을 통해 얻었던 좋은 기운과 에너지에 감사함을 표했습니다. 그리고 좋은 계기가 있으면 또 영상을 만들겠지만, 이제는 본연의 모습으로 돌아감을 선언했습니다.

어쩌면 그녀는 자신의 '표현 체력'에 대해 정확히 알고 있었는지도 모르겠습니다. 같은 표현이라도 나의 상태에 따라 다르게 표현됩니다. 물론 자신의 컨디션이 표현력을 좌지우지한다는 것은 위험합니다. 하지만 우리는 부족한 인간입니다. 그렇기 때문에 나의 표현력이 상승하는 순간은 언제인지, 반대로 같은 표현이라도 바닥에 떨어지는 순간은 언제인지를 꼭 파악해야 합니다. 그리고 내 표현이 제대로 힘을 발휘하지 못하는 순간에는 잠시 멈춰 '체력을 보충'하는 센스도 키워야 합니다.

저는 많은 사람과 함께 글을 쓰기도 하고, 많은 사람 앞에서 강연도 합니다. 하지만 그 외의 시간에는 가급적 혼자 있는 시간을 오래 가지려고 노력합니다. 많은 이들에게 에너지를 받기도 하지만 반대인 경우도 많습니다. 2, 30대 때에는 많은 사람을 만나 다양한 이야기를 듣고, 에너지를 얻는 것만이 좋은 표현력을 익히는 활동으로 여겼습니다. 하지만 관계 속에서 힘을 얻기도 하지만, 관계 속에서 힘을 잃기도 하는 저의 특성을 알게 되었습니다. 그 이후로는 저의 표현 체력을 잘 조절하는 것도 좋은 표현력을 유지하는 하나의 방법이라고 여기게 되었습니다. 체력이 저하되었을 때는 좋은 표현을 하기 어렵습니다. 그러니 나의 '표현 체력'은 어떤 상태인지 반드시 살펴보고 그 상태를 유지하기 위해서 어떻게 해야 할지 고민해보세요. 운동을 하는 것도 좋고, 독서나 명상도 좋습니다. 나의 표현 체력을 정확하게 아는 것, 그것이 좋은 표현을 오래 하는 방법 중 하나입니다.

표현 체력 측정하기

1. 하루 중 나의 컨디션이 가장 안전할 때는 언제인지 점검할 것

2. 체력이 급격하게 떨어질 때는 표현을 자제할 것

3. 지속적인 표현 체력 관리를 위해 자신을 명확하게 알 것

표현어휘와 수용어휘

"분명 어떤 감정과 생각인지는 알겠는데 어떤 단어로, 어떻게 표현해야 할지 모르겠어요."

표현력에서 중요한 것이 '어휘력'입니다. 어휘력은 단순히 단어를 많이 아는 것에 그치지 않습니다. 많은 어휘를 안다고 해도 맥락에 맞게 사용할 수 있어야 제대로 어휘력을 습득했다고 볼 수 있습니다.

어휘에는 두 가지 종류가 있습니다. 나의 감정과 생각을 드러내는 어휘, 즉 표현어휘와 텍스트나 문장을 읽고, 그것을 이해하기 위한 이해어휘(수용어휘)가 있습니다. 표현어휘와 수용어휘가 일치할 때 이상적인 어휘력이 형성되었다고 말합니다. 하지만 대개 수용어휘에 비해 표현어휘가 현격히 부족합니다. 우리는 남이 써 놓은 글을 읽을 때 내용은 잘 이해하지만, 막상 내가 비슷한 글을 써보려고 하면 막막한 경우가 이에 해당합니다.

표현어휘 : 말이나 글로 자기 생각과 감정을 표현할 수 있는 어휘
수용어휘(이해 어휘) : 타인의 글과 말을 이해하는 데 사용하는 어휘

나의 감정과 생각을 잘 표현하기 위해서는 당연히 표현어휘를 많이 알아야 합니다. 그런데 아이러니하게도 표현어휘를 늘리려면 수용어휘를 늘려야 합니다. 많은 인풋(input) 즉, 읽기가 이루어져야 한다는 뜻입니다. 어휘력을 늘리기 위해 단어를 외우거나 암기하는 방법도 물론 있지만 그것은 외국어에 한정된 학습법입니다.

맥락 속에서 파악되는 어휘의 다양한 의미 변화를 추론할 수 있어야 진짜 나의 어휘(단어)가 됩니다. 이를 위해 우리는 다양한 맥락 속의 단어를 봐야 합니다. 즉, 글을 읽어야 합니다. 글에서 여러 단어가 어떻게 의미를 구성하고 있는지 읽기를 통해 얻게 됩니다. 또 어휘망을 늘려가는 방법으로도 어휘력을 늘릴 수 있습니다. 어휘망은 관련된 어휘

들의 연결을 말합니다. 예를 들어 '여름'이라는 단어가 있다면 여름과 연관되는 단어를 함께 익힙니다. 여름의 반대말, 여름에 먹는 음식, 여름 하면 생각나는 것 등 어휘망을 뻗어나가면서 '여름'에 관련된 어휘망을 만들다 보면 관련 어휘들을 떠올리게 되고 자연스럽게 어휘가 늘어납니다. 이렇게 독서와 어휘망을 통해 수용어휘와 표현어휘를 늘려가면서 점차 자신만의 어휘력을 구축해나가는 것입니다.

표현어휘를 늘리는 법

1. 단어를 문장이나 상황, 맥락에서 파악하려고 노력한다.

2. 평소 알고 있는 단어라도 사전을 자주 찾아본다. 내가 알고 있는 것보다 훨씬 더 많은 뜻이 숨어 있다.

3. 단어의 어휘망을 만들어 본다.

4. 수시로 독서를 통해 습득한 수용어휘를 표현어휘로 활용한다.

의사들은 왜 꼭 부정적 표현을 쓸까?

한 신문 기사[*]의 헤드라인이 눈길을 끌었습니다. '의사들은 왜 꼭 부정적 표현을 쓸까?' 정말 궁금했던 이야기였습니다. 표현에 관해 연구를 하고 사람들과 여러 워크숍을 진행하면서 '부정적 표현'에 대한 언급은 빠지지 않는 주제 중 하나입니다. 되도록 부정적 표현보다는 긍정의 표현을 많이 쓰라고 이야기하지만, 가장 긍정적인 표현을 듣고 싶어 하는 순간, 우리는 가장 부정적인 표현을 듣곤 합니다. 바로 병원에서요. 심신이 모두 지칠 대로 지친 가운데 찾은 병원에서 의사가 쏟아내는 부정적 표현에 더 마음을 추스르기 어려운 경우도 흔합니다.

---

[*] 이해림 기자, "가능성 배제 못해"… 의사들은 왜 꼭 부정적 표현을 쓸까, 『헬스조선』, 2022.07.08.

몇 년 전, 현실에서는 좀처럼 만나기 힘들 것만 같은 '슬기로운 의사'가 대거 등장하는 드라마를 봤습니다. 하나같이 어쩜 그리 친절하고 고운 말만 쓰는지, 드라마의 필수 요소인 '판타지'임을 망각한 채 넋을 놓고 보았습니다. 하지만 역시 드라마는 현실을 근간으로 한다는 역사적 사명을 의식한 듯, 환자들에게 냉정하기로 소문난 의사도 한 명 등장합니다. 진료를 마치고 나가려던 환자가 문 옆에 서 있던 간호사에게 "저 의사 왜 저렇게 싸가지가 없어요?"라고 물어볼 정도였습니다. 그는 환자에게 부정적인 표현을 많이 했는데요. 의사들은 왜 이렇게 부정적인 표현을 자주 쓸까요? 그 이유를 기사를 통해서 확인할 수 있었습니다.

의사들이 자주 쓰는 부정 표현

1. 배제할 수 없다.

속뜻: 확실하게 아니라고 할 수 없어서 여지가 있다.

의사들은 왜 꼭 부정적 표현을 쓸까?

2. 근거가 없다.

속뜻: 주장을 뒷받침할 '무작위대조연구' 결과가 없다.

첫 번째 사례에 등장하는 A씨는 입술 위에 물집이 생겨 병원을 찾았습니다. 의사는 증상만 보고 단정 짓긴 어렵지만, 헤르페스 바이러스로 말미암은 포진일 '가능성을 배제할 수 없다'고 말합니다. A씨는 가능성이 있으면 있는 거고, 없으면 없는 거지 배제할 수 없단 말은 무엇인지 혼란스러웠다고 합니다.

두 번째 사례에는 젊을 때부터 리프팅 시술을 하면 나중에 피부가 처진다는 말을 들은 B씨가 등장합니다. 정말인가 싶어 묻는 말에, 의사는 "이론적으로 젊을 때 해서 나쁜 건 없다"라며 "젊을 때 시술하는 게 피부에 해롭다는 주장은 과학적 근거가 없다"라고 답했다고 합니다. B씨는 '근거가 없다'는 말에 의사도 확실히 알지 못하는 건 아닌지 의구심이 들었다고 합니다.

언어 표현에 관한 여러 연구에 따르면 긍정형보다 부정형일 때 문장의 의미를 파악하기 어렵다고 합니다. 게다가 긍정형 표현과 부정형 표현이 같은 의미를 담고 있어도, 사람에 따라 뉘앙스를 다르게 받아들일 수 있다고 합니다. 가령 '괜찮다'와 '나쁘지 않다'라는 표현은 의미상 별 차이가 없지만 암 투병 중인 환자들은 '상태가 괜찮다'보다 '나쁘지 않다'라는 말을 들었을 때 치료 경과를 비관한다고 합니다.

그런데도 의사들은 도대체 왜 '배제할 수 없다'라거나 '근거가 없다' 등의 부정형 표현을 사용해서 환자들의 불안을 가중할까요?

그것은 표현법이 아닌 '의학의 방법론'이 언어에 투영된 것입니다. 이를 '의사들의 사투리(서울대 보건대학 환승식 교수)'라고 표현하기도 합니다. '배제할 수 없다'라는 말의 근원은 '감별 진단'이라는 의학적 판단 과정이고, '근거가 없다'는 말은 '근거중심주의'에 입각한 의학적 체계가 반영된 말투입니다. 그러니 의사가 부정적 표현을 쓰는 것은 그들이 공부해 온 방식으로 볼 수 있습니다. 그들은 자기가 맡은 역할을 충실히 이행하는 표현을 하고 있는 것입니다.

생과 사를 논하는 자리에서 좀 더 신중을 기하기 위해 근거와 데이터에 기반한 정확한 언어 활동의 일환입니다. 그러니 의사들이 부정적 표현을 쓰는 것에 대해 '불친절하다'라거나 '예의가 없다'라는 식의 감정적인 표현은 삼가야 할 듯합니다. 의사들은 그들의 상황과 맥락 속에서 적확한 표현을 구사하고 있는 것입니다. 그래서 표현은 상황 속에서 파악되어야 하고, 맥락 속에서 짚어 나가야 합니다. 누가 쓰고, 어떤 사람이 말하느냐도 중요하지만 어떤 상황과 어떤 맥락에서 쓰이느냐가 더 중요하다는 뜻입니다.

정치인이나 유명인이 조용한 애도를 보여야 하는 순간, 자신의 책임 회피 및 이익에 눈이 멀어 '책임 회피성' 발언으로 곤욕을 치르는 경우를 우리는 자주 접합니다. 이때는 자기가 하고 싶은 말보다는 깊은 애도와 슬픔을 함께하는 책임자의 언어가 필요합니다. 이렇듯 상황과 맥락에 맞는 언어를 선택해서 쓰는 것, 그 어떤 것보다 깊이 새겨야 할 이야기가 아닐까 합니다.

나의 표현을 깎아 먹는 표현들

1) 뒷말을 흐리는 줄임표

책방을 운영하는 지인은 책 읽기는 좋아하지만, 글을 쓰는 데 두려움이 있었다고 합니다. 하지만 책방을 시작하면서 인스타그램에 매일 책방 문 여는 시간을 공지해야 했습니다. 인스타그램 공지를 확인하고 책방에 방문하는 분들이 많기 때문인데요. 매일 출근하며 같은 시간에 피드를 올리다 보니 문 여는 시간과 닫는 시간만 적어두면 글이 밋밋했습니다. 그래서 한 줄, 두 줄 그날의 날씨, 새로 들어 온 도서 정보, 주말에 있었던 일을 쓰다 보니 어느새 글쓰기에 대한 두려움이 극복됐다고 합니다. 이는 『어쩌면 잘 쓰게 될지도 모릅니다』(위너스북, 2019)에서도 언급했듯이, 나만 보는 골방 글쓰기로는 만끽할 수 없는, 공개하는 글쓰기의 좋은 점입니다. 공개하는 글을 쓰다 보면 자연스럽게 독자를 인식하게 됩니다. 그러면서 독자에 대한 막연한 두려움이 극복됩니다. 또 자신의 글을 좀 더 객관적으로 바라보는 안목을 키우게 됩니다. 조금 냉정해지기도 합니다.

하지만 인스타그램에는 약간의 아쉬움이 있었습니다. 글보다는 사진이나 비주얼 중심의 플랫폼이기에 긴 텍스트로 담아야 하는 이야기는 적기 쉽지 않습니다. 자연스럽게 인스타그램에는 이른바 '단상'이라고 불리는 그때그때의 짧은 생각을 쓰게 됩니다. 짧은 글은 뒷말을 흐리는 문장으로 생성되는 경우가 잦습니다. 예를 들어 "오늘은 책방 문을 오전 10시부터 저녁 7시까지 열어둘게요. 가을 햇살이 책 읽기 더할 나위 없이 좋은 분위기를 만드네요. 이런 날은 책방으로……." 식으로 말입니다. '……' 안에는 '오세요'라는 표현이 숨어 있겠지요. 이 문장이 잘못된 표현은 결코 아닙니다. 가을을 맞이해서 책방에 와서 책을 읽자는 메시지가 담긴 글이죠. 하지만 서술어까지 다 쓰면 왠지 글이 촌스러워 보이기도 하고, 대놓고 책방에 오라는 홍보성 글로 비춰질 수 있습니다. 슬쩍 감성 충만하게 보이기 위해 줄임표를 씁니다. 하지만 이런 줄임표는 실제 상황에서 나의 표현력을 떨어뜨리는 가장 큰 요인입니다. 예를 들어 어떤 사람을 만났는데 그가 말을 하다가 자꾸 뒷말을 흐린다면 어떤 생각이 드나요? 저 사람을 왜 뒷말을 자꾸 흐리지? 자기 말에 확신이 없나? 아니면 거짓을 말하고 있는 건가? 별별 생각을 다 하게 됩니다. 뒷말을 흐리는 말 습관은 문장 표현에서도 그대로 드러납니다. 가능하면 최대한 정교한 문장으로 표현을 끝까지 마무리하는 습관을 만들어 보세요. 그럼 내 이야기가 상대에게 좀 더 명확하게 전달될 것입니다. 마침표를 문장의 마지막에 딱 찍는 그 순간까지, 나의 표현은 끝난 것이 아니니까요.

2) 모호한 표현을 부르는 '~하는 듯하다' '~하는 것 같다'

"작가님, 확언을 하면 너무 자기주장이 강한 사람으로 보이지 않을까요?"

한 대학에서 진행한 '생각과 감정을 표현하는 글쓰기 수업'에 참가한 학생의 말입니다. 이날 글쓰기 주제는 '최근 인상 깊게 본 드라마를 통해 내 생각을 표현하는 글쓰기'였습니다. 당시 시청률이 높은 드라마의 명대사 몇 개를 제안하고 그 중 자신의 마음에 드는 문장을 골라서 대사 속 함의에 대한 자신의 생각과 경험을 글로 써서 표현하게 했습니다. 학생들은 저마다 '드라마 대사로 자기 생각을 표현하는 글쓰기'라는 새로운 시도에 신기함을 감추지 않았고, 이내 즐거운 마음으로 글을 썼습니다. 역시 '드라마'라는 공감대로 글을 쓰니 자기 생각이 훨씬 더 잘 드러나는 글이 속출했고 자신이 쓴 글에 대한 만족도도 높았으며, 무엇보다 쓰는 데 집중이 잘 되었다고 말했습니다. 하지만 학생 글 대부분에서 비슷한 문제점을 발견했습니다. 문장이 끝나는 서술어 표현에서 70% 이상이 '~하는 듯하다' '~같다'를 남발하고 있었습니다. 이는 비단 학생들의 글에서만 나타나는 현상은 아닙니다. 아이부터 어른까지 요즘 너나없이 비슷하게 드러나는 표현입니다. 예를 들면 이런 문장입니다.

"그의 칭찬은 나를 꽤 괜찮은 사람으로 보이게 한 듯하다."

자기표현력

"사랑이란 그렇게 나에게 조금씩 스며들었던 것 같다."

물론 앞의 문장이 틀린 문장은 아닙니다. 문법적으로 문제도 없고, 의미상으로 어려운 말도 없습니다. 단, 이런 '~듯하다' '~것 같다' 식의 추측성 서술어가 한 편의 글에서 자주 등장하면 독자는 글쓴이가 표현하고자 하는 내용을 제대로 습득하기 어렵습니다. 강한 주장과 단호한 의견을 일방적으로 주장하라는 것이 아닙니다. 모호한 표현을 자주 사용하면 글 전체의 의미를 훼손하고 나의 생각과 주장을 독자에게 전달하는 길을 막는 장애물이 됩니다. 이런 표현은 꼭 필요한 부분에만 쓰는 센스가 필요합니다.

3) 잘못 맞춘 표현의 온도

언뜻 보면 비슷한 뜻을 지닌 단어 같지만 실제로 문장에서 표현할 때 느낌이 많이 다른 단어들이 있습니다. 예로 '수용'과 '허용'이라는 단어가 있습니다. '수용'의 사전적 의미는 "어떠한 것을 받아들임" 또는 "감상의 기초를 작용으로 예술작품 따위를 감성으로 받아들여 즐김"입니다. '허용'은 "허락하여 너그러이 받아들임", "주로 각종 경기에서, 막아야 할 것을 막지 못하여 당함 또는 그런 일"이라는 뜻입니다. 수용이 좀 더 예술적인 영역에, 허용은 공적인 활동에 해당하는 느낌입니다. 우리는 수용과 허용을 자주 혼용합니다. 이런 단어가 너무도 많습니다. '위로'와 '격려' 역시 마찬가지입니다. '위로'는 "따뜻한 말이나 행동으로 괴로움을 덜어주거나 슬픔을 달래주는 것"을 뜻합니다. '격려'는 "용기나 의욕이 솟아나도록 북돋워 줌"을 일컫습니다. 위로에 비해 격려가 좀 더 희망적이고 활기찬 느낌입니다.

맞춤법도 틀리지 않았고 문법적으로도 문제가 없는데 내 생각이나 감정이 잘 드러나지 않는 문장이 종종 있습니다. 이때 단어가 적확하게 쓰였는지 살펴보면 좋습니다. 비슷한 뜻의 단어지만 다른 '온도'를 갖고 있는 표현이 있습니다. 단어를 쓸 때 온도까지 잘 감지해서 쓴다면 여러분의 표현력은 지금보다 훨씬 더 풍성해질 것입니다. 비슷한 뜻을 가진 다양한 단어를 활용해 언어의 온도를 체크해보세요.

표현의 온도를 높이는 법

비슷한 뜻을 가진 두 단어를 찾아 사전에서 그 뜻을
찾아보고 각 단어의 표현 온도를 숙지한다.

예시) 동의 vs 공감

자식 vs 자녀

예의 vs 예절

규칙 vs 규범

문맥 vs 맥락

구분 vs 구별

대조 vs 비교

4) SNS 상의 잘못된 표현들

1. 그 과제를 하기 위해서는 몇일 걸립니다.

2. 내가 설겆이할게.

3. 이따가 뵙겠습니다.

일상에서 자주 쓰는 문장입니다. 문장마다 오류가 하나씩 있습니다. 1번 문장의 '몇일'은 틀린 표현입니다. '며칠'이 맞습니다. 2번 문장에서 '설겆이' 역시 틀린 표현입니다. '설거지'가 맞습니다. '설겆이'는 '설겆다'라는 동사의 어두에 해당되는 표현입니다. 3번 문장에서 틀린 단어를 찾았나요? 바로 '뵙겠습니다'인데 이는 '뵙겠습니다'가 맞는 표현입니다.

모두 SNS에서 자주 볼 수 있는 문장입니다. 인스타 피드혹은 블로그 등에서 가장 자주 틀리는 표현을 모아봤습니다. 물론 아주 사소한 실수라고 볼 수도 있습니다. 하지만 이러한 표현이 모이고 모여서 결국 서로 오해하는 치명적인 표현으로 변할 수도 있습니다. 흔히 틀리는 몇 가지 표현을 더 알아보겠습니다.

4. 우리 있다가 만나요.

이 문장 역시 틀린 표현이 들어있습니다. 바로 '있다가' 입니다. 여기서는 '있다가'가 아닌 '이따가'가 맞습니다. 그럼 '있다가'는 언제 쓸까요? 앞서 1, 2, 3번 문장은 맞춤법이 틀린 문장이지만 4번은 표현 자체가 틀렸습니다. 4번 문장의 '있다가'는 장소가 바뀔 때 쓰면 맞는 표현입니다.

5. 학교에 있다가 집으로 갔습니다.

즉, '이따가'는 '시간의 흐름'을 이야기하고, '있다가'는 '장소'의 변화가 있을 때 사용하는 말입니다. 맞춤법 문제를 이야기하려는 것은 아닙니다. SNS에 틀린 표현이 너무 자주 사용되다 보니 이러한 표현이 올바르다고 오해하고, 심지어 자기가 오해한 것이 바르다고 우기는 사람들을 종종 만나게 됩니다.

우리나라 성인의 하루 스마트폰 평균 사용 시간은 4시간이 넘는다고 합니다. 언어는 노출 빈도가 매우 중요합니다. 틀린 표현을 자주 보게 됨으로써 어떤 것이 맞는 표현이고, 어떤 것이 틀린 표현인지 모호하게 된다면 그것은 '언어를 비효율적으로 전달'하는 일이 됩니다. 수많은 SNS 글에서 잘못된 표현이 버젓이, 빈번히 사용되고 있습니다. 언어는 한 사회를 대변해주는 중요한 표현 도구입니다. 잘못된 표현은 사람들 간의 갈등을 조장하고 심한 경우 분쟁을 일으키기도 합니다. 서로의 생각이 다를 경우에는 대화를 통해서 얼마든지 조율하면 됩니다. 하지만 잘못된 표현은 '박제'되어 전달되고, 이는 결국 한 사회를 분열시키는 작은 틈이 됩니다. 정확한 표현에 집중해보세요. 언어가 지닌 다양한 즐거움을 정확한 표현으로 전달하는 것만큼 우리의 표현력을 늘려주는 것은 없습니다.

SNS에 자주 보이는 틀린 표현

틀린 표현	올바른 표현
건들이다	건드리다
궁시렁거리다	구시렁거리다
구지	굳이
금새	금세
나중에 뵈요	나중에 봬요
내 꺼	내 거
널부러지다	널브러지다
바램	바람
설레임	설렘
안 되	안 돼
않 되나요	안 되나요
어떻해	어떡해, 어떻게 해
어의없다	어이없다
어따대고	얻다 대고
웬지	왠지

나의 표현을 깎아 먹는 표현들

틀린 표현	올바른 표현
왠 떡이야	웬 떡이야
일일히	일일이
제작년	재작년
정답을 맞추다	정답을 맞히다
할께요	할게요

당신의 닫힌 표현력을 열게 하는 표현력 연습

1차시) 좋은 것을 좋다고, 아쉬운 것은 아쉽다고 표현하기

최근에 본 영화나 드라마, 읽은 책 중 한 편을 골라 봅니다. 이 작품에 나의 별점(1~10점)을 주되 6점을 기준으로 정합니다. 6점 이상의 별점을 주었으면 왜 기준점보다 많이 주었는지 좋았던 점을 적어보고, 만점을 주지 않은 이유도 함께 표현해봅니다. 이때 주의할 사항은 반드시 콘텐츠에 집중해서 별점을 줘야 한다는 점입니다. '기분이 별로 안 좋은 상태로 봐서 재미가 없었다'와 같이 자신의 기분에 따른 별점 주기가 아니라 콘텐츠의 작품성, 주제 표현력, 등장인물이나 배경의 연관성, 극의 흐름의 개연성 등에 집중해서 별점을 주시길 바랍니다.

콘텐츠 제목 및 장르 : _____

간단한 줄거리 요약이나 감상평:

_____

_____

_____

_____

별점 _____ 점

점수를 준 이유
– 좋았던 점과 아쉬웠던 점 :

_____

_____

_____

_____

_____

2차시) 당신의 표현력을 한 단계 업그레이드할 필사 연습

평소 좋아하는 책을 골라 책에서 가장 인상 깊었던 문장을 필사해봅니다. 필사는 가능하면 손으로 직접 쓰기를 권장합니다. 그러면 한 자, 한 자 마음에 새기게 되어 좀 더 자신의 감정과 생각을 표현하는 데 도움이 됩니다. 문장을 따라 쓰면서 의미를 새기고 그 문장을 활용해서 자신만의 생각과 감정을 정리해봅니다. 더불어 왜 그 문장을 가장 인상적인 문장으로 뽑았는지도 표현해봅니다.

책 제목 : _____

지은이 : _____

가장 인상적인 문장 필사

_____

_____

_____

_____

이 문장을 가장 인상적인 문장으로 뽑은 이유

(또는 문장에 관한 나의 생각)

_____

_____

_____

_____

_____

_____

_____

_____

_____

_____

_____

_____

_____

3차시) 관찰자 입장 되어 보기

  지인이나 가족 혹은 드라마의 주인공, 유명인 중 한 명을 골라 그를 관찰하고 사전 조사해봅니다. 관찰한 내용을 통해 그 사람에 대해 새로 알게 된 사실, 그에 대한 나의 생각과 감정을 표현해보고 인터뷰 한다고 생각하는 질문을 만들어봅니다.

_____

_____

_____

_____

_____

_____

_____

_____

_____

자기표현력

4차시) 칼럼(저널)으로 나의 생각을 표현하기

자기 의견을 표현하는 가장 좋은 장르는 칼럼입니다. 칼럼니스트가 되었다고 생각하고 나만의 생각을 좀 더 논리적으로 표현해봅니다. 내 경험과 생각, 감정을 기반으로 하는 글이지만 칼럼처럼 한 가지 생각을 표현하는 데 집중해서 써봅니다.

칼럼의 주제는 앞에 언급된 주제로(174쪽) 하셔도 되고 자신만의 주장이 있다면 그것을 주제로 해도 됩니다. 칼럼을 쓰기 전 반드시 앞서 설명한 칼럼 쓰는 방법을 숙지하고 표현해봅니다.

① 칼럼 주제 및 제목 : _____

② 칼럼에서 내가 말하고자 하는 핵심 표현이나
   내용, 주제 문장 요약

_____

_____

_____

③ 칼럼 써보기(A4 한 장 정도 써봅니다)

자기표현력

5차시) 나는 부정적인 표현을 얼마나 쓸까?

하루에 내가 쓰는 부정적인 표현에는 어떤 것이 있는지 점검해보고, 그것을 긍정적인 언어로 바꾸는 방법을 고민해 봅니다. 익숙한 것들과의 결별이 보다 나은 나의 표현을 만든다는 사실, 잘 알고 계시죠?

내가 평소에 잘 쓰는 부정적인 표현 3가지 적기

	내가 평소에 자주 쓰는 부정적인 표현	긍정적인 표현으로 바꾸기
①		
②		
③		

6차시) 표현의 온도를 높여주는 유의어 연습법

다음 제시된 유의어를 잘 읽고 두 단어의 차이에 대해
자신만의 생각과 감정을 표현해주세요.

유의어		내가 생각하는 두 단어의 차이점
동의 (同意)	공감 (共感)	
같은 뜻 또는 뜻이 같음, 의사나 의견을 같이함	남의 감정, 의견, 주장 따위에 대하여 자기도 그렇다고 느낌 또는 그렇게 느끼는 기분	
자식 (子息)	자녀 (子女)	
부모의 아이를 부모에 상대하여 이르는 말	아들과 딸을 아울러 이르는 말	
예의 (禮儀)	예절 (禮節)	
존경의 뜻을 표하기 위하여 예로써 나타내는 말투나 몸가짐	예의에 관한 모든 절차나 질서	

자기표현력

규칙 (規則)	규범 (規範)	
여러 사람이 다 같이 지키기로 작정한 법칙 또는 제정된 질서	인간이 행동하거나 판단할 때에 마땅히 따르고 지켜야 할 가치 판단의 기준	
문맥 (文脈)	맥락 (脈絡)	
글월에 표현된 의미의 앞뒤 연결	사물 따위가 서로 이어져 있는 관계나 연관	
구분 (區分)	구별 (區別)	
일정한 기준에 따라 전체를 몇 개로 갈라 나눔	성질이나 종류에 따라 차이가 남 또는 성질이나 종류에 따라 갈라놓음	
대조 (對照)	비교 (比較)	
둘 이상인 대상의 내용을 맞대어 같고 다름을 검토함	둘 또는 그 이상의 사물이나 현상을 견주어 서로 간의 유사점과 차이점을 밝히는 일	

4

어떻게 표현해야 할까요?

닫힌 표현력을 열게 하는 3단계
〈보이지 않는 것을 보이게 하는 힘〉

표현의 관점

전통적 관점에서 쓰기는 권위적이고 신비로운 것, 계급적인 것이었습니다. 공부를 많이 하면 글을 잘 쓸 수 있고 좋은 표현을 할 수 있다고 생각했습니다. 실제로 과거에는 일부 계층만 읽고 쓸 수 있었습니다. 자신의 생각을 담아 표현하는 말이나 글은 권력을 가진 일부 계층이 독점했고, 다른 사람들은 일상의 말만 할 수 있었습니다. 표현이 곧 권력이었던 시대였지요. 특히 읽기는 철저하게 그들만의 세계에 진입한 사람들만 할 수 있었습니다. 높다란 벽을 설치하고 넘볼 수조차 없게 했습니다. 쓰기는 조상에게 제(濟)를 올릴 때 지방을 쓰거나 제문을 하는 것이 전부였습니다. 전통적 관점의 쓰기는 '바른 글씨'를 유독 강조합니다. 글자를 바르게 써야 바른 품성을 가진 사람이라는 맹목적인 신념도 한 못했습니다. 이 생각은 꽤 오래 우리 사회를 지배해서 불과 몇십 년 전까지만 해도 바른 글씨를 쓸 수 있도록 돕는 서예 학원과 펜글씨 학원이 성행했습니다. 이때는 수정과 퇴고를 따로 하지 않았습니다. 오로지 영감을 받은 몇몇 작가나 선인, 학자, 종교인에 의해 쓰기가 이루어졌기 때문입니다. 이들은 '일필휘지(一筆揮之)'로 자신의 생각과 감정을 한 번에 쭉 써 내려갔습니다. 표현이 하나의 퍼포먼스였지요. 이런 전통주의적 관점의 쓰기에서는 글의 출처가 대부분 특별한 '영감'에 있다고 여겼습니다. 평범한 사람들은 글로 자신의 생각과 감정을 드러낼 수 없었습니다.

이후 글쓰기에 과학적 탐구가 도래했습니다. '쓰기를 하나의 형식으로 만들면 좀 더 쉽게 글을 쓸 수 있지 않을까?'라는 생각이 생겨나기 시작한 것입니다. 우리나라에서는 [취재 – 구상 – 표현 – 퇴고] 표현 형식을 만들었고, 서양에서는 [쓰기 전 – 쓰기 중 – 쓰기 후]로 나눠 표현의 과정을 형식화했습니다. 형식이 내용을 담아낸다고 보았던 것입니다. 표현하기에 좋은 형식이 있고, 이를 잘 습득하면 누구든 자신의 생각과 감정을 잘 표현할 수 있다고 생각했습니다. 이 시기의 쓰기 교육은 글의 형식을 익히는 것을 중요하게 생각했습니다. 반복적으로 형식을 익히면 좋은 표현을 자연스럽게 습득할 수 있다고 여겼습니다. 좋은 형식으로 잘 표현된 글을 모방하는 것이 잘 표현하는 방법이라고 생각했습니다.

하지만 1960년대 후반이 되면서 이런 형식주의 표현이론은 점차 쇠퇴의 길로 빠지게 됩니다. 형식주의에 입각한 표현은 개인의 미세한 생각과 감정의 차이를 표현하고 담아내기에 역부족이었습니다. 몇 가지 형식만으로는 셀 수 없이 많은 생각과 감정의 차이를 표현할 수 없었던 것입니다.

더불어 형식주의적 관점의 글쓰기는 개성을 살린 글쓰기를 방해하는 요인이 되기도 했습니다. 이후 개인의 경험을 중시하고, 자신만의 방식으로 세상을 바라보고 느끼는 인지주의적 관점의 표현이 주목받습니다. 한 개인의 경험을 통해 사물이나 생각, 현상이 얼마든지 개별적으로 재해석되고 조정된다는 사실을 사람들이 깨닫게 된 것입니다. 그리고 그것이 진정한 자기표현이라는 것을 인지하게 되었습니다.

인지주의적 관점에서의 글쓰기는 언어를 경험을 표상 (表象, 추상적이나 드러나지 아니한 것을 구체적인 형상으로 드러냄)

하는 체계적이고 보편적인 수단이고, 개인의 경험을 독특한 방식으로 재해석하고 조정하는 개별적인 수단이라고 생각했습니다. 비로소 생각과 감정을 표현하는 쓰기가 복잡한 사고의 과정임을 인식한 것입니다. 이 시기에 들어서야 사람들은 드디어 '글은 누구나 쓸 수 있다'라고 생각합니다. 표현의 문제는 일부 계층의 문제가 아니라 각 개인의 삶에서 느끼는 감정과 생각을 자기만의 방식으로 재해석하고 표현하는 과정임을 공유하게 됩니다.

자신의 생각과 감정을 표현하는 방식으로써의 글쓰기는 이런 진화의 과정을 거쳐 지금의 모습이 되어 우리에게 다가왔습니다. 글은 누구나 쓸 수 있고, 자신의 감정과 생각은 누구나 표현할 수 있습니다. 글쓰기는 한 개인이 살아있다는 것을 드러내는 최고이자 유일한 수단입니다. 자신의 감정과 생각을 표현하고, 이를 통해 많은 타인과 소통하고 공감했을 때의 느낌을 떠올려보세요. 특별한 누군가만 자신의 생각과 감정을 표현하고 드러낼 수 있다고 여기지 마세요. 당신의 목소리, 당신의 감정, 당신의 생각입니다. 소중하고 정확하게, 그리고 명료하게 표현해보세요.

기분이 나의 표현이 되지 않게

"밤에 쓴 글은 절대로 밖으로 내놓지 않을 것."

어쩌면 표현하고자 하는 사람에게는 꼭 지켜야 할 '명언'일지도 모르겠습니다. 오밤중에 쓴 글은 왜 다음날 읽어보면 손발이 오글거리고 눈이 튀어나올 만큼 내가 아닌 다른 사람이 쓴 글 같은 걸까요? 분명 같은 사람이 쓴 글인데, 밤이면 밤마다 내 몸에 다른 이가 들어와서 글을 쓰는 걸까요? 농담 같지만 비슷한 경험을 토로하는 분들이 꽤 많습니다. 밤에는 아무래도 기분이 조금 그렇습니다. 기온과 습도, 조명의 밝기가 왠지 나를 더 침참하게 만듭니다. 그래서 더 외롭고, 더 센치해지는 그런 느낌이 듭니다. 이런 일시적인 감정을 우리는 '기분'이라고 표현합니다.

여기서 중요한 것은 내 기분이 내 표현이 되지 않게 경계하는 것입니다. 우선 중요한 표현은 가급적 늦은 밤이나 새벽보다는 낮 시간이나 집중력이 좋은 오후 시간에 하는 것이 좋습니다. 너무 이른 아침도 되도록 삼가는 것이 좋습니다. 혹 늦은 밤이나 새벽에 글이 잘 써지는 분이 있다면, 누군가에게 보내야 하거나 공개하는 표현일 경우 가급적 한 낮에 그 글을 다시 읽어보시기를 간곡하게 권합니다. 이 방법은 나의 표현을 좀 더 객관적으로 살펴보는 데 도움이 됩니다.

또한, 누군가를 저격하는 표현을 지양합니다. 살다 보면 내 기분을 망치는 사람이나 상황, 관계를 만나게 됩니다. 사는 동안 이런 사람들을 모두 피하고 살 수 있다면 좋겠지만 그런 삶은 존재하지 않습니다. 우리는 어쩔 수 없이 나를 불편하게 하는 사람, 힘들게 하는 상황을 만나게 됩니다. 그 과정에서 마음이 맞지 않거나 나를 힘들게 하는 사람들도 만나게 됩니다. 증오하는 사람, 미워하는 사람도 생깁니다. 우리는 분노와 화를 표현하기도 합니다. 이때 불편한 감정, 서운한 마음, 속상한 기분, 억울한 감정 등을 무턱대고 표현하지 말고, 일단 혼자만 읽는 글로 먼저 표현해보세요. 가까운 지인에게만 말로 풀어내는 것도 기분을 전환하는 방법이 됩니다. 그리고 앞서 알려드린 다양한 방법을 거친 후 기분이 나의 표현이 되지 않고, 나의 생각과 감정이 잘 표현되었음을 확인했을 때 상대에게 전달합니다. 그렇게 하면 내 생각과 감정을 상대에게 좀 더 명확하게 전달할 수 있습니다. 자칫 '기분'에 따라 상대를 '저격'하는 표현을 했다가 오히려 나에게 더 큰 상처가 남을 수도 있습니다. 그러니 반드시 수정과 퇴고라는 아름다운 작업을 통해 내 표현을 한층 품격 있게 만든 후 상대에게 확실하게 전달해보는 센스를 발휘해보세요.

우리는 항상 경계해야 합니다. 기분이 내 표현이 되지 않게요.

기분이 나의 표현이 되지 않게 하는 법

1. 중요한 표현은 늦은 밤보다는 낮이나 오전 시간대
   (10~12시)를 활용할 것

2. 밤에 쓴 표현이라면 낮에 다시 한번 꼭 읽어볼 것
   이때, 반드시 소리내서 읽기를 권함

3. 누군가를 표적으로 삼는 표현은 지양할 것

오랫동안 해 온 것의 힘

바이올린을 전공한 지인이 있습니다. 중학교 때부터 바이올린을 했다고 하니 꽤 오랜 시간 바이올린과 함께했지요. 그랬던 그녀가 출산 이후 바이올린을 끊었습니다. (그녀의 표현 그대로입니다) 바이올린의 '바' 자도 꺼내기 싫었다고요. 그랬던 그녀가 다시 바이올린을 꺼내 들었습니다. 블로그에 일상의 글을 하나씩 쓰기 시작하던 어느 날, 자신의 글에 무엇인가 새로운 것을 가미하고 싶다는 생각이 든 것입니다. 아마도 글을 써보신 경험이 있는 분이라면 공감하는 부분일 것입니다. 글을 쓰다 보면, 특히 일상적인 글을 쓰다 보면 어느 순간 자신의 글이 누구나 쓸 수 있는 글처럼 보일 때가 있습니다. 그녀는 자신의 글에 어떤 포인트를 줄까 고민하다가 자신은 잘 알지만 다른 사람들은 잘 모르는 분야,

자기표현력

다른 사람들이 나에게 자주 물어보는 이야기는 무엇인지 생각해 보았습니다. 그리고 답은 의외로 아주 가까운 곳에 있었습니다.

"언니, 바이올린 이야기를 써 봐요."
"바이올린 전공을 하게 된 계기는 무엇인지, 언제부터 바이올린을 배우면 좋은지, 그런 것들을 아는 것부터 하나씩 올려주세요."

언니, 동생이라 부르며 지내는 아이 친구 엄마들이 준 의견이었습니다. 지인은 블로그에 '바이올린 이야기'라는 카테고리를 만들고 자신의 바이올린 입문기, 클래스 음악을 전공하게 된 사연, 클래식으로 먹고사는 법에 관한 이야기 등을 허심탄회하게 올렸습니다. 반응은 폭발적이었습니다. 이에 힘을 얻어서 임윤찬, 조성진 등 젊은 연주가들의 연주 스타일에 관한 생각도 글로 표현했습니다. 그녀는 글을 쓰기 시작하면서 자기만의 특화된 무엇이 있었으면 좋겠다고 생각했습니다. 고민 끝에 다른 사람과의 차별점으로 떠올린 것은 다름 아닌 그녀가 그토록 멀리하고자 했던 '바이올린'이었습니다. 웬수(?) 같았던 (그녀의 표현 그대로입니다) 바이올린이 그녀의 삶에 새로운 활기를 주었습니다.

요즘 그녀는 활동 영역을 넓혀 '음악치료' '예술큐레이터' '예술 강사' 등 클래식 음악을 접목한 다양한 분야를 공부하며 자신을 표현하고 있습니다. 전공을 살려 연주를 하거나 가르치는 일 외에는 생각해보지 않았던 그녀가 시야를 넓혀 발견한 새로운 분야의 일은, 그녀의 삶에 새로운 방향을 제시해주었습니다.

이렇게 될 수 있었던 것은 그녀가 바이올린을 연주할 줄 아는 사람이라는 것을 '표현'했기 때문입니다. 바이올린을 매개로 클래식 음악과 연계되는 다양한 활동을 하고, 이를 글로 표현하는 과정을 통해 '바이올린을 켤 줄 아는 사람'에서 할 수 있는 일을 더 넓은 영역으로 확대하며 그녀의 '무기'는 하나씩 늘어갔습니다.

표현하는 글쓰기 수업에 오면 자신이 가장 잘하는 것, 좋아하는 것, 현재 집중하고 관심을 두고 있는 것에 대해 생각하는 시간이 많아집니다. 표현이란 결국 나의 감정과 생각

자기표현력

을 드러내는 것이기에 오랫동안 해 온 일을 멀리할 수는 없습니다. 하지만 일을 표현의 도구로 써보자고 하면 대개 온몸으로 저항합니다.

"그쪽으로는 얼굴도 돌리기 싫습니다."
"지겨워서 글 쓰러 왔는데 또 일에 관해 이야기하기는 싫어요."

이해합니다. 새롭게 재도약하고 싶은 생각이 치밀어 오르는데 과거의 내가 나를 붙잡고 있는 것만 같지요. 하지만 내가 오랫동안 해 온 일과 그 모든 과정은 헛된 것이 아닙니다. 설사 실패로 끝났다고 해도, 그것은 자신을 표현하는 가장 크고 특별한 도구입니다. 어떤 대단한 성과를 냈는지는 중요하지 않습니다. 내가 그 분야에 대해 얼마나 치열하게 고민하고, 질문하고, 생각했던 사람인지가 더 중요합니다. 자신이 오랫동안 해 온 일을 무시하거나 소홀히 하지 마세요. 어쩌면 그 안에 나만의 아주 특별한 무언가가 숨어있을지도 모르니까요.

읽은 책과 글쓰기에 관한 이야기만 하던 그녀의 블로그

에는 이제 음악과 글쓰기, 음악과 독서, 음악과 미술 등 각종 콘텐츠가 조화를 이루고 있습니다. 그리고 다루는 콘텐츠 영역은 매일 확장되고 있습니다. 자기를 표현하는 무기는 이렇게 무한대로 확장될 수 있습니다. 단, 중심이 되는 주제, 콘텐츠가 있어야 합니다. 바이올린과 피아노를 함께 다루어 보아도 좋고, 음악과 미술을 연결해 보아도 좋습니다. 그녀의 기본인 '바이올린'을 놓치지 않으면 됩니다.

상처가 오래 가는 사람

모 가수가 후배들에게 자신의 작사, 작곡 팁을 전수해주는 영상이 방송되었습니다. 그는 자신의 감정과 생각을 다양한 장르의 음악으로 선보인 싱어송라이터인데요. 특히 그의 가사는 많은 이들을 울리는 것으로도 유명합니다. 이제 막 곡을 쓰고 노래하기 시작한 후배들은 그에게 오랫동안 가사를 쓸 수 있는 비결을 물었습니다. 저 역시 그가 어떻게 저런 애절한 가사를 쓸 수 있는지 매우 궁금했기에 그의 답변에 귀 기울였습니다.

"저는 상처가 오래 가는 사람인 것 같아요."

그는 간결한 한 문장으로 자신의 생각을 표현했습니다.

이어서 그는 오래전의 사랑 이야기와 상처를 여전히 곡으로 쓰고 있다고 말했습니다.

우리는 종종 나의 오래된 감정을 '케케묵은 감정'이나 '쓸모없는 생각'이라고 표현합니다. 물론 새로운 생각이나 감정도 좋은 표현이 될 수 있습니다. 하지만 오랫동안 나의 마음속에 있던 감정 또한 좋은 표현이 될 수 있습니다.

'상처'를 너무 쉽게 떠나보내지 말았으면 합니다. 상처가 오래 머문 자리에는 반드시 좋은 표현이 될 수 있는 여러 감정과 생각들이 자리하고 있을 겁니다. 즐거움만이 좋은 표현을 낳는 것은 아닙니다. 인생의 희로애락이 모두 나의 표현이 되듯이 나의 '상처' 역시 나를 만드는 표현이 될 수 있음을 꼭 아셨으면 합니다. 몇십 년 전의 감정과 생각도 마치 어제 겪은 일처럼 표현하는 그의 가사가 오래 '묵은' 이야기라는 것을 전혀 짐작할 수 없었던 후배 가수들은 그의 말에 고개를 끄덕였습니다.

상처를 너무 두려워하지 말고, 때로는 좋은 영감과 표현의 기반으로 삼아봅시다. 오늘은 아주 오래된 상처를 한번 꺼내 볼까요?

자기표현력

보이지 않는 것을 보이게 하는 힘

오래된 상처도 좋은 표현의 수단이 될 수 있다.

미세한 차이가 창의적인 표현을 낳는다

닫힌 표현력을 열게 하는 2단계에서 비슷한 의미를 지닌 단어들의 '온도 차'를 느껴봤습니다. 미세한 단어의 차이를 느껴보면 더욱더 맛깔난 표현을 할 수 있을 뿐만 아니라 언어의 유희성으로 좀 더 실감 나게 어휘를 체득하게 됩니다. 이번에는 소리는 같지만 뜻은 다른 단어, '동음이의어'로 언어의 차이를 느끼고 이를 표현에 적용해보는 연습을 해볼까 합니다.

다음은 '고독'이라는 어휘의 여러 가지 뜻을 담아 완성한 글입니다.

며칠 전 지인과 안부 문자를 나눴다. 나와 동갑내기인 그녀는 그림을 그리고, 나는 글을 쓴다. 주로 앉아서 일하고 혼자서 일하는 것에 익숙한 우리는 통하는 부분이 꽤나 많았다. 정적은 즐기되 외로움은 좋아하지 않고, 먹는 것은 즐기되 살은 찌고 싶지 않고, 핫플레이스는 좋아하나 사람이 많은 것은 싫어하는, 딱 그런 사람들이다. (쓰고 보니 꽤나 이상한 사람들이다)

나름 각자의 집에서 '고독'을 즐기며 가끔 '생사 확인'을 위한 문자를 주고받았다. 이내 문자의 끝에 지인은 "모두가 잘 지냈으면 좋겠습니다"라는 말을 건넸다. 왈칵 눈물이 쏟아질 것만 같았다. 지인과 문자를 마치고 잘 지낸다는 것에 대해 생각해본다. '잘 지낸다는 것'은 '아무 일 없이 지낸다'는 의미도 될 수 있겠다라는 생각이 든다.

불안한 시대가 지속되면서 우리는 '혼자 잘 지내는 방법'에 대해 탐구하고 연구해야 한다. 더불어 혼자 지내는 것에 대해 필수적으로 따라붙는 '고독'과

'외로움'에 대해서도 자신만의 생각을 정립할 필요가 있음이 느껴진다. 고독(孤獨, 홀로 독, 외로울 독)의 사전적인 의미는 "세상에 홀로 떨어져 있는 듯이 매우 외롭고 쓸쓸함"이다. (네이버 사전 참고) 하지만 이 단어의 동음이의어를 한번 더 찾아보면 또 다른 고독이 나온다.

고독(考讀, 생각할 고, 읽을 독), "깊이 생각하며 읽음"이다. (네이버 사전 참고)

'함께'도 좋지만 때로는 '혼자의 시간'을 두려워하지 말고 '고독'을 즐겨야 한다. 언제 어느 때 우리에게 어떤 일이 닥칠지 모른다. 그리고 그 고독(孤獨)의 시간에 '고독(考讀)'이 함께 있다면 우리는 덜 외롭고 덜 힘들지 않을까?

생각하면서 읽는 것은 반드시 다독을 할 필요도 없고 어려운 책을 읽을 필요도 없다. 그저 집 근처 도서관이나 책방, 서점에 가서 내 마음이 닿는 책 한 권을 골라 가장 안전한 장소에서 몇 페이지라도 읽으면 그만이다. 만약 종이책을 읽기가 익숙하지 않은 이라면 오디오북을 통해서도 충분히 책을 읽을 수 있다. 누구나 집에 한 권씩 있는, 미뤄두었던 고전이나 남들 다 읽었다는 인문학서에 도전해보는 것도 꽤나 나 자신의 '고독(考讀)'을 상승시키는 힘이 될 것이다.

평소 관심이 있었던 예술가가 있다면 그 작가의 작품을 찾아보고, 관련 책이나 영화를 보는 것도 추천한다. 그렇게 고독한 상태와 상황을 즐기다 보면 어느새 나란 사람이 어떤 사람인지 알아가고 찾아가는 재미도 증폭될 것이다. 두꺼운 책 읽기가 부담스럽다면 요즘 유행하는 그림책 읽기에 도전해보자. 그림책은 아이들만 읽는 책이 아니다. 글과 그림으로 이루어진 그림책을 통해 '고독(考讀)'의 의미를 진짜 더 알아갈지도 모른다.

이 시대 최고의 고독남 『월든』의 작가 소로는 일부러 세상과의 단절을 선택하고 '고독'한 상태로 자신을 몰아가면서 외로움을 즐긴 사람이다. 그는 "자연의 한

복판에 살면서 자신의 감각을 잃지 않으면 암울한 우울증에 걸릴 리가 없다. 건강하고 순수한 귀에는 어떤 폭풍우도 그대로 들리지 않고 아이올로스(그리스 신화에 나오는 바람의 신)의 노래로 들릴 것이다. 어떤 것도 소박하고 용감한 사람을 저속한 슬픔으로 내몰 권리가 없다"라고 말한다.

– 「오늘도 메모」 중에서*

사전을 찾아보면 '고독'에는 다양한 의미가 있습니다. 소리는 모두 같지만 한자에 따라 뜻이 다릅니다. 위의 글은 대표적으로 쓰이는 '고독(孤獨:세상에 홀로 떨어져 있는 듯이 매우 외롭고 쓸쓸함)'과 '고독(考讀:깊이 생각하며 읽음)'을 글감으로 삼아 쓴 것입니다.

동음이의어를 활용한 표현력 연습은 미세한 뜻의 변화

---

* 모두 잘 지냈으면 좋겠습니다. 우리 모두 고독(考讀)하자 [작가 이윤영의 오늘도 메모], 『세계일보』, 2022.02.18.

를 통해 서로의 인과관계를 맞추는 과정에서 창의적인 표현을 이끌어 냅니다.

창의적인 표현력을 이끌어주는 동음이의어 활용 tip

1. 소리는 같지만 다른 뜻을 가진 단어들을 사전에서 찾고 이를 활용해서 한편의 글을 쓴다.

2. 이때 두 단어의 인과관계를 어떻게 연결할지 고민하는 시간을 충분히 갖고 연습한다.

당신의 표현력을 한 단계 업그레이드해 줄
디테일의 기술

읽고 나서 왠지 개운하지 않은 느낌이 드는 표현이 있습니다. 맞춤법이 틀린 것도 아니고, 글의 구조나 내용이 이상한 것도 아닙니다. 하지만 디테일이 부족한 글에서는 뭔가 허전한 느낌을 받습니다. 하늘 아래 새로운 것이 없다는 말은 오랫동안 '전설처럼' 내려오는 이야기입니다. 특히 요즘처럼 SNS가 발달한 시대에는 더 이상 완전히 새로운 것이 없습니다. 하지만 새롭게 표현하는 방법이 없는 것은 아닙니다. 비슷한 내용이라도, 같은 콘텐츠라도 누구의 손에서 만들어지는지에 따라 다르게 표현되는 이유는 이 때문입니다. 지금부터 더 좋은 표현을 위해 갖추어야 할 '디테일'을 알려드리겠습니다.

첫 번째 디테일은 '자료조사'입니다. 글쓰기가 유행하면서 매일 다양한 글이 쏟아집니다. 이렇게 수많은 글이 쏟아지면 누구에게도 읽히지 않은 글도 존재할 수 있겠다는 두려움이 엄습합니다. 그렇다고 좌절하기에는 너무 이릅니다. 내 글의 '디테일'을 살리면 됩니다. 그럼, 그 디테일은 어디에서 나오는 것일까요? 바로 충분한 자료조사에서 나옵니다. 글쓰기 전에 해당 내용에 관한 다양한 자료를 충분히 찾아보기를 권합니다. 인터넷 기사와 관련 서적뿐만 아니라 댓글을 읽어보는 것도 아주 유용한 자료조사 방법입니다. 댓글을 읽으면서 그 주제에 대한 독자들의 시선을 좀 더 섬세하게 파악할 수 있습니다. 자료조사를 통해 나와 타인의 생각은 어떻게 다른지, 나는 어떤 지점에서 다르게 생각하고, 그 이유는 무엇인지 곰곰이 생각해봅니다. 조사한 자료를 천천히 읽으면서 내가 공감하는 부분, 공감하기 어려운 부분을 꼼꼼하게 체크하고, 그것에 대한 나의 생각과 관점을 만들어 갑니다. 공감하는 부분에서 나는 '왜' 공감하는지 스스로 물어보는 질문을 만들어 봅니다. 마찬가지로 공감하기 어려운 부분에 대해서 나는 '왜' 공감하기 어려운지 스스로 묻고 대답해봅니다. 그리고 나의 최종 관점을 정리한 후, 그것을 제대로 잘 표현하기 위해서는 어떤 기법을 써서 어떤 방식으로 표현할지도 고민합니다. 마지막으로 자료조사 과정에서 다른 이들이 다루지 않는 내용은 무엇이고, 내 생각은 그들의 생각과 어떻게 다른지 확인해봅니다. 이것이 자료조사를 하는 올바른 태도입니다.

자료조사를 할 때 너무 방대한 양을 조사하는 것은 좋지 않습니다. 너무 많은 양의 자료는 오히려 내 생각을 정리하는 데 방해가 되기도 합니다. 일정한 시간을 정해두고 조사한 다음 모은 자료를 천천히 보면서 나의 생각을 정리하는 것이 좀 더 현명한 자료조사 방법입니다. 아무리 많은 구슬이라도 꿰기 힘들다면 그 역할을 다하지 못하는 것입니다.

매력적인 표현을 만드는 두 번째 디테일은 '첫 문장'과 '결말'입니다. 본격적으로 글을 쓰기 전 자신이 이 글에서 표현하고 싶은 주제를 한 문장으로 요약해봅니다. 그리고 그 주제에 대해 최소 A4 1장 정도의 초고를 씁니다. 이때 첫 문장, 중간 문장, 마지막 문장에 구애받지 않도록 합니다. 저는 대개 본문을 먼저 씁니다. 관련 주제에 관한 예시나 경험 등

쓰기 편한 부분을 먼저 쓰는 것입니다. 해당 에피소드나 참고 자료, 내 생각 등 본문에 들어갈 문장을 맨 처음에 씁니다. 여기서 질문이 생길 수 있습니다. '첫 문장을 쓰지 않고 본문을 먼저 쓰나요?'라고 말입니다. 첫 문장은 굉장히 중요합니다. 매일 차고 넘치는 글의 홍수 속에서 내 글이 잘 읽히기 위해서 가장 중요한 부분 중 하나가 첫 문장입니다. 첫 문장이 매력적이어야 글을 끝까지 읽을 힘이 생깁니다. 그런데 그 중요하다는 첫 문장이 처음부터 술술 잘 나오는 경우는 드뭅니다. 하지만 글을 어느 정도 쓰다 보면 술술 써질 때가 옵니다. 쓰다 보면 번뜩이며 나오는 예사롭지 않은 '포스'의 문장들이 있습니다. 써질 것 같지 않다는 아우성이 여기저기에서 들리는 듯합니다만, 아닙니다. 쓰다 보면 나옵니다. 어쩌면 우리는 그런 귀한 '한 문장'을 만날 때까지 쓰는 것인지도 모르겠습니다.

그래서 첫 문장은 가장 마지막에 쓰기를 권합니다. 하지만 매번 그런 문장이 툭툭 써지는 것은 아닙니다. 그때는 본문과 결말을 모두 마무리한 후 본문을 다시 읽어 봅니다. 그리고 내 글을 잘 열어 줄 첫 문장이 되기에 좋아 보이는 표현을 골라봅니다. 이때 본문과 결말에 쓴 단어를 조합해도 좋습니다. 혹은 본문과 결말을 다 읽고 난 후 새롭게 떠오르는 아이디어가 있다면 그것을 역순으로 해도 좋습니다. 꼭 지켜야 할 것은 첫 문장으로 이 글을 꼭 읽고 싶게 만들도록 '매력'을 발산하는 것입니다. 이것도 저것도 적확한 것이 없다면 타인이 쓴 매력적인 문장이나 명언을 활용해서 주의를 집중시키는 것도 좋은 방법입니다. 첫 문장과 본문, 결말이 유기적으로 연결되어야 합니다. 어느 한 부분만 뚝 떼어놓고 봐도 문제가 없는 글이라면 나의 생각이 유기적으로 연결되지 않은 글일 수도 있습니다. 많은 분들이 처음부터 끝까지 순서대로 글을 쓰는 경우가 많고, 이를 글쓰기의 정석이라 여깁니다. 일필휘지는 '호랑이 담배 피우던 시절'의 이야기입니다. 잘 쓴 글은 좋은 구성과 편집으로 이루어집니다. 잘 읽힐만한 표현, 잘 쓴 표현이 되기 위해서는 신선한 첫 문장, 유기적인 단락별 구성과 편집이 필수입니다.

매력적인 표현을 위해서 첫 문장 못지않게 중요한 것은 결말입니다. 결말은 많은 사람이 쓰기의 문턱에서 고민하는 것 중 하나입니다. 결말은 자칫 본문 내용을 반복하거나 앞의 내용을 요약하는 식으로 표현됩니다. 하지만 이런 경우 글이 중언부언해서 글의 매력을 떨어뜨릴 수 있습니다. 가능하면 결말은 짧게 끝내기를 권합니다. 간결한 마무리가 센스 있는 표현력을 더해줍니다. 더불어 다양한 결말방식을 익혀 보는 것도 좋은 방법입니다. 최근 이슈와 연결하며 글을 마무리하는 것도 좋습니다. 시의성 있는 이야기는 독자들이 쉽게 공감대를 형성하도록 해 줍니다. 혹은 읽었던 책이나 영화, 드라마의 대사 등을 인용하며 마무리하는 것도 좋은 방법입니다. 물론 주제와 관련 있는 콘텐츠를 인용해야 합니다. 또 앞으로의 기대나 당부, 나름의 해결책이나 대안을 제시하는 것도 여러분의 표현력을 한껏 올리는 디테일의 기술입니다.

　간혹 본문은 잘 써두고 마무리를 급하게 해서 흐지부지 끝나는 글이 많습니다. 마무리가 떠오르지 않는다고 해서 너무 급하게 글을 마무리하면 완성도가 떨어지는 표현이 됩니다. 그럴 때는 다시 한번 글을 차분히 읽어보면서 전개 방식과 단계를 하나하나 곱씹어 봅니다. 그리고 빠진 내용은 없는지 다시 한번 점검해본 후, 마무리에서 내가 표현하고

자 하는 주제나 소재를 자연스럽게 언급합니다. 꼭 결말을 짓지 않아도 됩니다. 독자가 열린 결말을 보고 스스로 생각할 수 있는 여지를 주는 것도 깔끔한 디테일 중 하나입니다.

단, 어설픈 조언이나 충고, 지적이 담긴 마무리가 되지 않도록 유의해야 합니다. 특히 교훈적인 내용을 담아 급하게 마무리하는 글이 참 많습니다. 보여주기식 일기에 길들여진 우리의 글쓰기 방식이 낳은 폐해이기도 합니다. 일부 필요한 경우를 제외하고는 되도록 교훈이 담긴 '~해야겠다' '앞으로는 ~되었으면 좋겠다' 식의 표현은 자제하는 것이 좋습니다. 또한 지나친 자기반성적인 마무리도 지양하는 것이 좋습니다. 마무리는 자신과 같은 실수를 하지 않았으면 하는 독자를 향한 작은 배려와 마음 씀씀이가 담긴 표현이면 됩니다.

표현력을 한단계 업그레이드해 줄 디테일의 기술

1. 첫 문장은 맨 마지막에 쓰는 것이 좋다.

2. 본문에 들어갈 예시나 에피소드, 경험 등 쓰기 편한 부분을 먼저 써라.

3. 첫 문장은 매력적이고 호기심을 끌어당길 문장으로 시작하되 전체 본문과 결말 부분이 잘 조화를 이루도록 체크한다.

4. 결말은 간결할수록 좋다.

5. 결말은 반드시 교훈적인 마무리일 필요는 없다. 열린 결말을 통해 독자 스스로 생각할 여지를 주는 것도 좋다.

당신의 글을 소리 내어서 읽어 본 적이 있나요?

　글쓰기에는 수정과 퇴고라는 어마어마한 작업이 있습니다. 헤밍웨이는 단편소설 「노인과 바다」를 집필하면서 수백 번이 넘는 수정과 퇴고 과정을 거쳤다고 합니다. 그는 "초고는 쓰레기다"라는 유명한 말을 남기기도 했습니다.

　글은 반드시 수정과 퇴고를 거쳐야 합니다. 당연한 말이라고 생각하실 수도 있지만 제가 이렇게 주지시키는 이유는 글을 한 번 쓰고 나면 수정과 퇴고를 하지 않는 분이 꽤 많기 때문입니다. 의식의 흐름대로 썼던 메모를 독자의 입장에서 다시 한번 보면서 나의 표현에 문제는 없는지 살피는 일부터 기본적인 오탈자를 다시 들여다보는 일까지, 표현하는 데 있어서 수정은 아주 중요하면서도 가장 기본적인 작업입니다. 그런데도 자기가 쓴 글을 다시 들여다보는 일에 두려움을 느끼는 이유는 무엇일까요? 그리고 왜 끝내 회피하려고 할까요? 바로 '두려움' 때문입니다.

이때의 '두려움'은 내가 쓴 표현을 내가 다시 읽어 내려가면서 그 감정과 생각에 다시 빠져드는 일 자체에 대한 두려움입니다. 게으름을 핑계로 미루고 미루지만, 결국 자기와 마주하기 힘든 것입니다. 흡사 비밀연애라도 하듯 자신의 글을 꼭꼭 숨겨두거나, 쓰고 난 후 감정 창고에 그냥 내버려 두는 경우가 흔합니다. 이때 가장 효과적인 방법은 글을 다 쓰고 난 후 자신의 글을 소리 내어서 직접 읽어보는 것입니다. 내 글을 소리 내서 읽는 순간, 글의 객관성이 확보됩니다. 그리고 읽어 내려가는 동안, 나의 과잉된 감정과 편협한 의견의 수위를 스스로 '조절'하는 힘이 생깁니다.

당신의 글 앞에서 자주 머뭇거리게 되나요?
당신의 글 앞에서 자주 소심해지나요?
당신의 글 앞에서 나를 어디까지 드러내야 할지 망설여지나요?

그럼, 잠시 아무도 없는 곳에서 자신의 글을 소리 내어서 읽어보세요. 그 과정을 통해 당신의 글이 누군가에게 어떻게 읽히는지 깨닫게 될 것입니다.

수정과 퇴고에 대한 두려움을 극복하는 방법

1. 자신이 쓴 글을 소리 내서 읽어본다.

2. 녹음이나 영상 촬영을 하는 것도 도움이 된다.

보이지 않는 것을 보이게 하는 힘

오랜 '방송국 놈들' 생활로 남들보다 조금 일찍 새해 계획을 세우는 편입니다. 그런데 언제부터인가 한해가 시작되고 한참 지나서도 '딱 부러지는 새해 계획'을 세우지 않습니다. 아무리 작은 것이라도 새 다이어리에 한두 줄 적으면서 새해를 맞이했는데, 요즘은 그런 '가벼운 의식'조차 '거행'하지 않았습니다. 새해에 약간 '시큰둥'해졌다고 할까요? 그러다 문득 달력을 보면 벌써 1월의 마지막 주라는 것이 눈에 들어옵니다. 뭐라도 해야지 하는 마음으로 다이어리의 첫 페이지를 펼치면 눈앞이 백지상태입니다. 심호흡을 크게 하고, 거창하고 참신한 계획 대신 지난해에 하던 것들은 이어서 '꾸준하게 해 보기'로 작정해봅니다.

재야에 숨어있던 '무명' 가수를 발굴하는 프로그램이 방영되었습니다. 과거 가수를 했거나 음반을 낸 '족적'이 있는, 이른바 '가수 경험'이 있는 사람들에게 새롭게 '앨범'을 낼 수 있는 기회를 제공하는 오디션 프로그램입니다. 여타 오디션 프로그램이 신인 발굴에 집중했다면, 이 프로그램은 재야의 숨은 가수를 찾거나 한때 우리의 심금을 울렸지만 어느 날 소리 소문 없이 잊힌 가수나 노래를 '부활'시켜보자는 취지에서 만들어졌습니다.

수많은 '무명' 출연자 중 눈에 띄는 한 사람이 있었습니다. 한때 아이돌로 활동했던 출연자였고, 언뜻 보니 얼굴이 낯이 익었습니다. 그는 프로그램의 회를 거듭할수록 편곡부터 노래, 춤에 이르기까지 혼자서는 도저히 할 수 없을 것 같은 다양한 역할을 해냈습니다. 그의 노력이 고스란히 보이는 무대였습니다. 무대가 끝나고, 프로그램 진행자는 그에게 점수를 떠나서 '꾸준함'이 '끼'가 될 수 있다는 것을 보여준 무대였고, 그래서 고맙다는 말을 전했습니다.

사실 이 프로그램은 초반부터 출연자 한 사람에게 대부분 관심이 집중되었습니다. 그는 누가 봐도 끼와 재능이 넘치는, 단지 지금까지 알려질 기회가 없었지만 기회만 주어진다면 금방 날아오를 준비가 되어있는 그런 진짜 '숨은' 고수였습니다. CSI에 버금가는 대한민국 네티즌은 그의 형과 부모님을 소환했고, 과거 그가 출연했던 영상, 친구의 유튜브에 잠깐 출연했던 영상까지 모두 찾아냈습니다. 이렇게 모든 관심이 한 명의 출연자에게 집중됐고, 본선이 시작되기도 전에 김빠진 맥주처럼 그의 우승을 예견하는 이들이 차고 넘쳤습니다. 오디션 프로그램에서 본선을 시작하기도 전에 우승자가 확연히 눈에 보이는 경우는 흔하지 않습니다. 하지만 그만큼 그에게는 끼와 재능, 음악을 해석하는 능력이 있었고, 자신감과 당당함 사이에서 드러나는 깊이 있는 무대 매너까지 누가 봐도 그는 '우승각'이었습니다.

아이가 어렸을 때 전국 단위 수영 대회에 나간 적이 있습니다. 수영에 재능을 보였던 아이는 이내 선수 반에 합류했고 하루 2시간이 넘는 수영 연습 시간을 견뎌 내며 대회에 출전했습니다. 하지만 현실은 냉혹했습니다. 출발대에 오른 같은 학년의 아이들 사이에서는 키와 몸무게만으로도 눈에 띄는 아이들이 보였습니다. '스포츠는 살아있다'라고 하지만 한눈에 봐도 누가 1등을 할지 보였습니다. 예상은 적중했습니다.

살다 보면 어떤 분야에 정말 기가 막힌 '재능'과 '끼'를 가진 사람을 만날 때가 있습니다. 여지없이 '평범한' 이들은 그들에게 KO패 당합니다. 그가 가진 재능과 끼를 부러워하고 질투하다 보면 나는 왜 저런 능력이 없는지 자책하게 됩니다. 자책 끝에는 신을 원망하고, 조상을 탓하며, 부모를 책망합니다. 내 몸 안에 흐르는 DNA 하나하나까지 미워지기도 합니다. 그런데 돌이켜 생각해보면 이런 것들은 내가 원망한다고 해서 바꿀 수 있는 것이 아닙니다. 사람마다 얼굴 생김새가 다르듯 타고난 '재능'과 '끼'도 다릅니다. '애석하게도' 어느 분야에나 재능과 끼를 갖고 태어난 이들이 존재합니다. 인정할 것은 인정해야 합니다. 평범한 이들은 그들을 그저 부러워할 수밖에 없을까요?

글을 무척 잘 쓰는 친구가 있었습니다. 그 친구는 난해한 소설과 두꺼운 책의 내용, 어려운 철학자들의 이름까지 줄줄 막힘없이 내놓았습니다. 글도 어쩌면 그리 잘 쓰는지, 자신의 생각을 군더더기 없이 촘촘하게 담아내는 그런 친구였습니다. 수년이 흘렀고, 얼마 전 오랜만에 그녀의 소식을 접

자기표현력

했습니다. 아쉽게도 그녀는 지금은 글을 쓰지 않는다고 했습니다. 그 탁월한 재능을 마냥 부러워만 했던 저는 그녀가 지금 글을 쓰지 않는다는 사실에 무척 놀랐습니다. 작가가 되지는 않았더라도 분명히 페이스북이나 브런치, 블로그에라도 글을 쓰고 있을 것이라 생각했기 때문입니다.

'재능'과 '끼'로 똘똘 무장한 사람들 앞에서 평범한 우리가 할 수 있는 것은 무엇일까요? 그것은 아마도 '꾸준히 하는 것'이 아닐까 합니다.

우리는 '재능'이 없다는 이유로 많은 것을 쉽게 포기합니다. 사실 이 땅에 재능이 있어서 한 가지 일을 꾸준히 하는 사람은 별로 많지 않습니다. 제게는 아이가 셋인 친구가 있습니다. 그녀는 매일 밤 책을 읽고, 글을 쓰고, 회사를 다니고, 소소하게 자신의 개인적인 일을 하면서 미래를 준비하기 위한 재테크와 영어 공부에도 열중입니다. 틈틈이 운동까지 합니다. 전 그녀에게 어떻게 그렇게 많은 일을 할 수 있는지 그 비결을 물었습니다.

그녀는 한마디로 '꾸준함', '루틴' 덕분이라고 했습니다. 그냥 매일 조금씩이지만 꾸준히 하다 보면 생각지도 못한 결과를 낳을 수도 있지 않겠냐고 덧붙였습니다.

내 몸속을 '탈탈' 털어보고, 앞뒤를 다 뒤집어 봐도 나오지 않는 '재능'에 울지 말고, 남은 생은 '꾸준함'에 승부를 걸어보는 건 어떨까 합니다. 크게 기대는 하지 말고 말입니다. 어쩌면 '꾸준함'의 이름으로 맹목적으로 달렸던 일들이 훗날 나의 근사한 결과물로 '짜잔' 하고 나타날지도 모릅니다. 빈센트 반 고흐의 말처럼요

"위대한 일은 갑작스러운 충동에 의해 이루어지는 것이 아니라 느리지만 작은 일들이 여러 번 연속적으로 이어질 때 마침내 이루어진다."

― 빈센트 반 고흐

보이지 않는 우리의 평범한 재능을 보이게 하는 힘은 이렇게 꾸준히 하는 것이 아닐까 합니다.

자기표현력

가장 무서운 사람은 그냥 매일 하는 사람이다

내 언어의 한계는 내 세계의 한계다.

– 루트비히 비트겐슈타인

일요일 밤마다 비대면으로 만나는 글쓰기 모임을 운영하고 있습니다. 한 주 동안 자신이 쓴 글을 모임원과 읽고 나누고, 제가 코칭과 피드백을 한 다음 합평하는 시간을 갖습니다. 일요일 밤, 한창 피곤할 시간이지만 온라인 모임이라 그런지 이 모임은 한번 시작하면 그만두는 사람이 별로 없습니다. 누군가의 첫 글인 '초고'의 첫 번째 독자가 된다는 것, 그 자체만으로도 괜히 가슴 뿌듯하고 대단한 사람이 된 것만 같은 느낌이 든다는 것이 오랫동안 모임에 참여하고 있는 분들의 한결같은 마음입니다.

어느 날, 이 모임의 매력은 무엇일까? 가만히 생각해보았습니다. 우리는 자기 글을 누군가에게 보여주는 것을 매우 낯설어하고 힘들어합니다. '초고'라고 불리는, 날 것의 감정과 생각을 타인에게 아낌없이 보여주는 것은 힘든 일입니다. 하지만 이 모임에서라면 다릅니다. 모두가 초고를 쓰고 있으니 마음이 안정되고 위로가 됩니다. 내 글이 내 마음에 썩 들지 않더라도 다들 한 마음으로 읽어가면서 서로에게 작은 위로를 얻습니다.

'저 사람도 이번 주에 좀 바쁜 일이 있었구나.'

'이분은 이번 주에 집안에 일이 있어서 글쓰기에 많은 시간을 투자하지 못했구나.'

아무 이야기도 나누지 않았지만 글만 봐도 한주가 훤히 들여다보입니다. 신기하지요. 역시 글로 만난 사이는 이래서 특별한 것이 아닐까 합니다.

이 모임에서 1년간 꾸준히 글을 쓰는 워킹맘이 있습니다. 회사에 다니며 두 아이를 키우고 있는 그녀는 매주 이어지는 온라인 모임에서 매번 정말 꾸역꾸역 '억지로 쓴다'라고 말했습니다. 그렇게 말하면서도 매달 이 모임에 참여하는 그녀를 보며, 잘 쓰고 있는데 왜 저런 말을 할까 내심 호기심을 품고 있었습니다.

그러던 어느 날, 그녀의 인스타그램을 보게 되었습니다. 들어가서 살펴보니 그녀는 독서와 글쓰기뿐만 아니라 1년 넘게 꾸준히 영어 낭독을 하고 있었고 이를 매일 인스타그램에 기록하고 있었습니다. 놀라웠습니다. 사실 항상 시큰둥한 표정으로 글쓰기에 대한 회의적인 말을 하는 그녀를 보다가, 그녀의 현란한 영어 발음을 들으니 정말 같은 사람이 맞나 의심이 될 정도였습니다.

그녀에게 영어 공부를 계속할 수 있는 비결과 그 이야기를 글로 써달라고 요청했습니다. 그녀는 의아한 표정을 지으며 자기보다 영어를 잘하는 사람이 너무 많고, 자신의 영어 실력은 그렇게 출중하지 않다며 쓰기를 머뭇거렸습니다. 하지만 저는 한 편만 써보세요 하며 애원(?)했고, 그녀는 '워킹맘의 영어 고군분투기'라는 제목으로 글을 쓰기 시작했습니다. 전에는 글을 꾸역꾸역 썼다는 그녀는 이제는 시키지 않아도 한주에 몇 편씩의 글을 자연스럽게 내놓게 되었습니다. 이미 한 시즌의 글을 다 써놓았다는 말도 했습니다.

남들에게 자신의 생각과 감정을 전달하는 것은 꽤 지난한 일입니다. 정답도 없고, 때로는 왜 이 일을 하는지 자신조차 납득이 되지 않기도 합니다. 어떤 일에 회의감이 들 때 우리는 뒤돌아서서 자신의 과거를 반추합니다. 뭐든 매일 실행하는 사람을 이길 방법은 없습니다. 꾸준히 자신만의 표현을 담아내는 사람 말입니다. 일단 부딪혀보고, 해봐야만 아는 것들이 있습니다. 표현력이 그런 것 같습니다. 좋다는 표현법이 여럿 있어도 내가 일단 해보지 않으면 그 방법을 절대 제대로 알 수 없습니다. 그러니 일단 꼭 해보시기를 권합니다. 그리고 설사 내 표현력이 제대로 반영되지 못했다고 해서 그것을 실패라고 여기지 마세요. 표현력에 실패는 없습니다. 단지 '시행착오'만 있을 뿐입니다. 좋은 표현은 거듭되는 시행착오를 거쳐 이루어지고 완성됩니다. 실패라는 표현 대신 시행착오라는 멋진 표현으로 자신의 감각을 믿고 꾸준히 하는 것, 그것이 진짜 나만의 표현력을 기르는 방법이자 지름길입니다. 그럼 보이지 않던 표현이 보이게 될 것입니다.

표현을 자꾸 거절하는 당신에게

한 표현력 워크숍에서 만난 A씨는 워크숍에 참여하면서 자신에 관해 많은 것을 새로 알게 되었다며 자신의 변화한 일상을 이야기했습니다. 처음 그녀가 워크숍에 왔을 때는 못내 불편해 보였습니다. 자기소개 시간에 자신은 내향적인 사람이라 자신을 드러내고 표현하는데 익숙하지 않고, 무엇보다 타인과의 만남이 힘들다고 고백하며 이번 기회에 이를 고치고 싶다고 말했습니다. 자신의 생각과 감정을 표현하지 않으니 타인이 자신에 대해 잘 알지 못해 자신도 상처를 받고, 무엇보다 누군가에 의해 자꾸 끌려다니는 느낌이 들어서 불편하다고 이야기했습니다. 무엇보다 이런 일이 자주 일어나니 '표현'을 일부러 안 하게 된다고 했습니다. 이른바 '표현 거절 현상'입니다.

표현 거절 현상은 여러 표현에 상처를 입고 아예 표현하기를 '거절'하는 현상입니다. 하지만 말했듯이 표현은 할수록 더 잘하게 됩니다. 밖으로 나오는 현상이기에 직접 해봐야 그것이 일상생활에서 어떻게 적용하는지 알게 됩니다. 시도해봐야 아는 것이지요.

앞서 이야기했듯이 표현에는 '실패'란 없습니다. 단지 시행착오만 있을 뿐입니다. 우리는 실패와 시행착오를 간혹 혼동합니다. 똑같은 표현이라도 어떤 사람에게는 '좋은 표현'이 되고, 어떤 사람에게는 '불편한 표현'이 됩니다. 이것은 상대가 누구냐에 따라서 달라지고, 상황이 어떤가에 따라 다릅니다. 단, 도덕적으로 나쁜 표현을 제외하고 말입니다. 그래서 여러 사람에게 여러 표현을 시도해보고, 적용해봐야 진짜 나만의 표현력을 갖추게 됩니다. 그리고 이런 작은 성취감이 쌓여야만 표현 자신감이 생기고 이를 통해 더 나은 표현을 하고 싶은 마음이 일게 됩니다. 표현을 거절하지 마세요. 당신의 표현은 당신의 소중한 자산이니까요.

칼 세이건은 『코스모스』(사이언스북스, 2010)에서 미지의 세계로 향하는 탐험의 정신과 낯선 사회와의 접촉은 자기

만족의 타성을 송두리째 흔들었다고 말합니다. 인류 역사적인 관점이 아니라 이를 나를 표현하는 방식으로 바꾸어 봐도 좋을 듯합니다. 매번 익숙한 것에만 마음을 두고 그것만 고수하다 보면 좀 더 단단한 나로 성숙할 수 없습니다. 인류는 어제보다 오늘 좀 더 나은 사람이 되기 위해 애써왔습니다. 개인 역시 그런 노력을 해왔기에 지금의 우리 모습이 있는 것입니다. 여러분도 여러분의 자리에서 어제보다 조금 더 나은 내가 되기 위해 '익숙한 것'들과 과감히 결별을 하고 새로운 것, 그동안 해보지 못한 것들에 마음을 두어 보는 건 어떨까요? 그래야 좀 더 새롭고 기발한 표현력을 얻게 됩니다.

● 실전편 [3단계] - 문장을 읽고 마음을 씁니다

닫힌 표현력을 열게 하는 내면을 향한 질문들

　표현은 자신의 내면의 힘을 통해 얻은 생각과 감정을 표현하는 것입니다. 지나친 자기 비하나 자기부정 대신, 나를 잘 인식하고 나를 잘 이해하는 마음을 갖게 된다면 내면의 힘은 좀 더 단단해지고, 이것을 통한 표현은 나를 더욱 용기 있는 사람으로 만들어 줍니다. 이를 위해서 내면을 향한 끊임없는 질문과 그에 대한 자신만의 대답이 정립되어 있어야 하는데요. 실전편 3단계에서는 이런 내면의 소리에 귀 기울여보겠습니다. 다음 질문들에 대해 깊이 생각하는 시간을 가진 후 글로 표현해주세요. 읽고 질문에 대한 자신만의 생각을 표현해주세요.

1차시) 내 인생에서 가장 행복했던 순간은 언제였을까?

행복은 누군가에 의해서 주어지는 것이 아닙니다. 평범한 하루, 매일 똑같은 일상 속에서도 누구는 행복하고 누구는 불행하다고 느끼는 이유는 전자는 '행복'을 잡고 있는 사람이고, 후자는 '행복'을 놓치고 있는 사람입니다.

결국 행복과 불행의 차이는 나의 선택의 문제입니다. 작은 것에 감사하고, 하루하루 성실하고 평범하게 곁에 있는 사람들에게 다정하게 대하고, 나를 돌보는 시간을 확보하는 것, 행복은 그렇게 작고 단순한 것에서 시작되고 마무리됩니다. 내 곁에 있는 행복을 잡느냐, 놓치느냐는 여러분의 '손'에 달려 있습니다.

_____

_____

_____

_____

_____

2차시) 내 인생의 전성기는 언제였을까?

'전성기'의 사전적 의미는 '형세나 세력 따위가 한창 왕성한 시기'입니다. 당신에게도 전성기가 있었나요? 어쩌면 이 단어를 듣고 '나한테 무슨 전성기야'라고 놀라신 분들도 계실 겁니다. 그런데요, 인생에서 딱 한 번쯤 누구에게나 전성기는 옵니다. 기억이 나지 않는다면 내 인생을 천천히 살펴보세요! 찬란했던 그 어떤 시기를 말입니다. 책을 읽으면 뭐든 쏙쏙 이해가 됐던 그 순간, 친구와 함께 덕질을 하며 내 몸에 있는 '열정'을 불살랐던 그 순간을 말입니다. 나의 전성기를 찬찬히 떠올려 보고, 그때의 나의 모습을 잘 표현해주세요.

자기표현력

3차시) 나에게 가장 실망했던 순간은 언제였을까?

살면서 자신에게 한 번쯤 실망하는 순간이 오지요. '그때 내가 왜 그랬을까' '그때 내가 왜 그렇게 행동했을까'라고 말입니다. 실망했던 나의 모습, 지질했던 내 모습도 온전히 받아들여야 나란 사람이 더 단단해지는 것은 아닐까 해요. 이것이 결국 인정이고요. 오늘은 지질했던 나의 과거를 정면으로 만나보는 시간을 가져보겠습니다. 그 과정에서 나의 지질함이 이제는 나의 유연함으로, 나의 성숙함으로 변할 수 있도록 잘 표현해봐요.

좋은 표현은 지질한 나와의 만남을 그냥 넘기는 것이 아니라 이를 통해 나라는 사람을 잘 들여다보고, 나를 더 이상 실망하게 하지 않는 묘안을 짜보는 슬기로운 행동에서 나오는 것입니다.

_____

_____

_____

_____

4차시) 나는 어떤 사람인가?
(MBTI 유형이나 내향인, 외향인 등의 성격으로 보는 나)

MBTI가 대유행이지요? 이런 데에 크게 관심 없었던 분들도 아마 한 번쯤 해보셨을 텐데요. 여러분은 자신의 MBTI를 어떻게 분석했나요? 내가 알고 있는 나와 같은가요? 다른가요? 나를 새롭게 보는 도구로 MBTI를 활용해보겠습니다. 인터넷상에 있는 질문을 풀어보고 그 결과를 바탕으로 나의 성향을 스스로 분석해 보세요!

재미로 하는 것인 만큼 정확한 데이터는 아니지만, 나를 들여다보는 유의미한 도구가 될 수 있을 것 같습니다. 나의 성향과 진짜 내 모습, 그리고 MBTI 분석 결과를 통해 또 다른 관점에서 나를 만나 보세요!

_____

_____

_____

_____

_____

5차시) 나의 꿈, 내가 하고 싶은 일은 무엇인가요?

저는 어렸을 때부터 하고 싶은 일이 뚜렷한 사람이었습니다. 그러다 보니 내가 하고 싶은 일, 즉 '꿈'에 관해서도 자주 생각했던 것 같아요. 그렇게 열심히 바라고 바라서 결국 제가 하고 싶은 일을 하는 사람이 되었고, 이에 대해서는 의심의 여지가 없습니다.

여러분만의 '꿈'이 있나요? 그리고 그 꿈과 관련해 어떤 일을 하고 싶은가요? 직업이 아니라 평생 내가 하고 싶은 일은 어떤 것이며, 나는 그것을 위해 어떤 준비를 하고 있는지 그 이야기를 표현해주세요.

_____

_____

_____

_____

_____

6차시) 내가 삶에서 가장 중요하다고 생각하는 것과 중요하지 않다고 생각하는 것은 무엇인가요?

삶에는 반드시 우선순위가 존재합니다. 아무리 바빠도 그 우선순위로 인해 나의 몸은 움직이는데요. 내 삶의 우선순위, 즉 중요하다고 여기는 것들을 표현해보세요. 이런 표현을 자주 하다 보면 너무 바빠서 정신이 없을 때 정작 내가 놓치고 있는 것은 무엇인지 금방 알게 되고, 내 삶에서 그리 중요하지 않은 데 시간과 마음을 쓰는 일을 멈추게 됩니다. 잠시 눈을 감고 내 삶에서 내가 가장 중요하다고 여기는 것, 그리고 그렇지 않다고 여기는 것을 떠올려 봅니다. 그 이유도 함께 적어 보며 진짜 내 삶의 방향과 속도를 맞춰봅니다.

자기표현력

7차시) 나에게 영감을 주는 존재는 무엇인가요?

저는 영감을 삶의 활력소라고 생각합니다. 주어지는 것만 갖고 살 수는 없습니다. 영감은 내 삶에서 '익숙한 것'과 결별하고 새로운 것을 채워줍니다. 영감은 어디에서나 얻을 수 있습니다. 미술관에서 만나는 그림, 어려운 고전, 또는 매일 똑같이 반복되는 루틴에서도 얻을 수 있지요. 그렇게 나에게 또 다른 인사이트를 주는 요소나 존재(사람 포함)는 어떤 것이 있는지 곰곰이 생각해보고 표현해주세요. 그리고 그 영감이 나에게 어떤 변화를 주었는지 구체적인 에피소드가 있다면 함께 적어주셔도 좋습니다.

8차시) 관념어 정의하기

자기표현력 수업 마지막으로는 '깊은 생각'을 해보는 연습을 해보겠습니다. 앞서 우리는 다양한 방식으로 생각과 감정을 표현하는 방법을 익혔고, 실전 연습을 통해 이를 드러내는 방법을 탐색했습니다. 이제는 좀 더 깊이 있는 생각에 도전해보겠습니다. 특히 다양한 '감정'과 '관념'에 대해 자신만의 생각을 정리하다 보면 나의 표현력이 한층 성장하고 발전한다는 것을 느낄 수 있으실 겁니다. 예를 들어 '친절'에 관한 나의 생각을 정리한다면 친절의 의미와 친절과 배려의 차이, 친절이 우리의 일상에 어떤 영향을 미치는지 보다 심오한 생각의 연결고리를 만들 수 있을 것입니다. 그렇게 다양한 관념어를 정리하는 과정을 통해 나의 표현력을 완성해 봅시다.

예시) 공감이란 무엇인가? 존재란 무엇인가?
　　　예술이란 무엇인가?

_____

_____

_____

_____

_____

_____

_____

_____

_____

_____

_____

_____

많은 이들이 표현을 하고 삽니다. 어떤 이는 자신을 알리기 위해, 어떤 이는 자신이 갖고 있는 지식을 공유하기 위해, 어떤 이는 사람들과 소통하고 공감하는 수단으로 표현을 이용합니다. 다들 나름의 목적과 이유가 있습니다. 자기 자신이 궁금해서 표현하는 이들도 물론 많습니다. 쓰면 쓸수록 자신이 누구인지, 자신이 어떤 사람인지 더 명료하게 알게 되기 때문입니다. 좋습니다. 하지만 그 무엇보다 '표현'을 하는 단 하나의 이유를 꼽으라고 한다면 저는 '보다 나은 사람이 되기 위함'이라고 하겠습니다. 결국 자기표현을 갈구하는 인간의 마음 저편에는 '좋은 사람'을 만나고 싶다는 욕망이 내재되어 있기 때문입니다. 나의 표현이 안전하게 도달하는 그런 사람 말입니다. 밤늦은 시간의 문자나 전화에도 시간대의 무례함을 토로하기 전에 나의 안위를 먼저 걱정해 주는 그런 사람을 우리는 원합니다. 오죽하면 이 시간에 전화를 했을까? 얼마나 힘들면 이 시간에 문자를 했을까? 때로 우리는 누군가에게 이해받고 싶고 누군가에게 위로받고 싶어 '표현'을 합니다. 그러니 누군가의 표현에 너무 인색하지도 말 것이며 누군가의 표현에 함부로 나만의 잣대를 들이대지도 맙시다. 그저 한발 물러나 그의 표현을 곱씹어 보면서 그 안의 내용과 본질에 대해서 한 번쯤 자세히 생각해 보는, 그런 사람이었으면 좋겠습니다.

『이방인』을 쓴 작가 알베르 카뮈는 어린 시절 지독한 가난을 경험했습니다. 그의 에세이에는 '빈곤'과 '가난'에 관한 그의 생각이 잘 드러났는데요. 그는 가난 속에서도 '즐거움'을 잃지 않았고, 가난이 오히려 자신에게 '변함없는 마음' 그리고 '묵묵한 끈기'를 가르쳐 주었다고 말했습니다.

모든 언어에는 분석과 해석이 필요합니다. 어떤 글과 말을 읽거나 들었을 때 우리는 그것이 가지고 있는 의미를 분석하려 합니다. 그리고 나름의 방식으로 해석합니다. 이 과정에서 자기에 대한 인식과 이해에 차이가 생깁니다. '나는 누구인가?' '나는 어떤 존재인가?'라는 존재론적인 물음에 대답하게 됩니다. 표현도 비슷합니다. 표현을 해서 부서지고 깨지는 과정을 거쳐 인간에 대한 신뢰에 강한 상처가 남았을지라도 그 과정에서 표현이 가져다준 즐거움 또한 있었을 것입니다. 나란 사람을 알고, 진짜 내가 누구인지 비로소 찾게 되는 과정을 분명히 거쳤을 것입니다. 그리고 그 과정에서 어제보다 조금은 좋은 사람이 되었을지도 모르는 나를 지켜봅니다. 표현으로 인해 가슴 아파하고, 타인에게 받은 상처로 실망하기에는 아직 이릅니다. 표현이 조금 서툴다고 해서 너무 속상해하지도 맙시다. 이제부터 배우고 익히면 됩니다. 내 감정과 생각을 하나하나 적어 내려가면서 좀 더 좋은 표현, 좀 더 매끈한 표현은 없는지 고르고 고르는 작업을 그저 쉬지 않고 하다 보면 우리는 마음에 맞는 '좋은 사람'을 만날 수도 있고, 내가 그런 '좋은 사람'이 되어 있을지도 모릅니다.

어떤 문제는 문제로만 인식되는 데서 그칠 수 있지만, 어떤 문제는 또 다른 해결책인 경우도 많습니다. 그것을 문제로 인식할 것이냐, 해결책으로 다룰 것이냐는 철저하게 개인의 몫입니다. 우리는 가능하면 후자를 선택하는 것이 옳다는 것을 이미 알고 있습니다. 모두가 안전하게 자신의 생각과 감정을 표현하고 이를 통해 소통의 즐거움, 연결의 아름다움을 깨닫는 그런 날들이 되었으면 합니다.

　모두의 자기 '표현력'을 응원하겠습니다.

작가, 문해력·표현력 연구가

이윤영

한언의 사명선언문

Since 3rd day of January, 1998

Our Mission   − 우리는 새로운 지식을 창출, 전파하여 전 인류가 이를 공유케 함으로써 인류 문화의 발전과 행복에 이바지한다.

                             − 우리는 끊임없이 학습하는 조직으로서 자신과 조직의 발전을 위해 쉼 없이 노력하며, 궁극적으로는 세계적 콘텐츠 그룹을 지향한다.

                             − 우리는 정신적·물질적으로 최고 수준의 복지를 실현하기 위해 노력하며, 명실공히 초일류 사원들의 집합체로서 부끄럼 없이 행동한다.

Our Vision   한언은 콘텐츠 기업의 선도적 성공 모델이 된다.

> 저희 한언인들은 위와 같은 사명을 항상 가슴속에 간직하고
> 좋은 책을 만들기 위해 최선을 다하고 있습니다.
> 독자 여러분의 아낌없는 충고와 격려를 부탁드립니다.
> · 한언 가족 ·

HanEon's Mission statement

Our Mission   − We create and broadcast new knowledge for the advancement and happiness of the whole human race.

                             − We do our best to improve ourselves and the organization, with the ultimate goal of striving to be the best content group in the world.

                             − We try to realize the highest quality of welfare system in both mental and physical ways and we behave in a manner that reflects our mission as proud members of HanEon Community.

Our Vision   HanEon will be the leading Success Model of the content group.